EL LIBRO DE MERLÍN

UN LIBRO DE MAGIA, ENCANTAMIENTOS Y CONJUROS

EDAF

MADRID - MÉXICO - BUENOS AIRES - SAN JUAN

Lo que se puede hallar en este libro de magia

Cómo llegué a obtener mis poderes mágicos, *6*
La llamada del bosque, *18*
La construcción de la Tabla Redonda en Camelot, *36*
Mi amor por Viviana, *48*

Conocimiento mágico

Cómo puedes convertirte en mago o en brujo, *58*
Los festivales místicos:
Samhain, Imbolc, Bealtaine, Lughnasadh, *66*
Los Cinco Elementos:
Espíritu, Aire, Fuego, Agua, Tierra, *72*
La atención en la magia:
El oído, la vista, el gusto, el olfato y el tacto, *87*
Cómo podemos conocer los Elementos, *91*
Dentro del Círculo Mágico, *96*

La magia del encantamiento

Referente al alfabeto de los árboles, *104*

La adivinación con los oghams, *110*

Otros medios a través de los cuales llegarás a conocer el futuro, *114*

Invocando al ser amado, *118*

Cómo asegurar tu amor con la magia de las velas, *124*

Conocimiento superior de la magia de las velas, *126*

Cómo puedes atraer la riqueza mediante recursos mágicos, *130*

Cómo encontrar lo que se ha perdido, *134*

Alejar la desgracia y atraer hacia uno la buena suerte, *138*

Cómo causar la desgracia de aquellos que te han ofendido,
y cómo echar una maldición sobre tus enemigos, *142*

Cómo hacerse invisible, *148*

Cómo volar en el espíritu de visión, *152*

que sea yo una isla en el mar
que sea yo una montaña en la tierra
que sea yo una estrella en el tiempo de la oscuridad

aquí

da comienzo

este libro

de magia...

Cómo llegué a obtener mis poderes mágicos

@

AHORA tienes ante ti mi libro de magia y de encantamientos; una senda de misterios, de conjuros y secretos, del que muchos han hablado pero que pocos han logrado introducir en sus corazones y en sus almas. Y te dejo este libro ante el temor de que mi enseñanza del místico Camino de la Magia pueda perderse para siempre.

Pues es verdad cierta que estos misterios han surgido de la tierra y del cielo, de los bosques y de los arroyos montañosos. Y que esta magia es la magia de mi pueblo, de mis antepasados y de las sabias mujeres que lo habitaron. Esta es la magia que llega desde el alba de los primeros tiempos, la magia que cuenta la verdad, y cuyos ecos se escuchan a través de los siglos. Esta es la magia que otros han perdido y olvidado, y por ello te la lego ahora a ti.

Mi nombre es Merlín —muchos son los que me conocen por tal nombre—, aunque también soy conocido por Myrddin o Ambrosius Merlinus. También hay quienes dicen que estoy loco, que me encuentro poseído por los espíritus y dominado por los demonios. Algunos se preguntan por qué prefiero habitar en las ásperas cumbres de las montañas, o refugiarme en profundas cuevas. También se preguntan por qué amo el corazón de la floresta y la solitaria vida del errabundo; pues cierto es que hallo mi felicidad y

Esta es la magia que llega desde el alba de los primeros tiempos...

mi poder en la vida apartada. Y todavía amo más ser yo mismo, manteniéndome a salvo con mis encrespados pensamientos y con mis encantadas canciones; si bien, en realidad, jamás me encuentro solo. Pues hallo mi compañía entre los graznidos del cuervo, en la danza de la mariposa azul, en los corveteos del gamo y en los distantes rugidos del dragón. A medida que cae la noche, me pongo soñoliento y me pliego al esplendor del mundo interno, mientras mi mente se siente encantada por los extraños viajes del alma. Vago a través de la tierra y del tiempo, y hablo con las aves y con los animales de este mundo y del otro. Allí es donde me encuentro con los espíritus benignos de la magia, y en donde recibo el conocimiento de los Antiguos que, en otro tiempo, caminaron sobre este mundo; aquellos que fueron llamados a la Senda de los Misterios; que llevaron a cabo sus conjuros y secretos, y que ahora moran en las intemporales tierras que se extienden más allá del Velo de la Niebla.

Pero todavía habré de decirte algo más sobre quién soy, y cómo fui llamado a estos dominios de la magia y del encantamiento...

Se dice que mi espíritu paterno fue realmente el mismo Diablo, quien trataba de instaurar el caos en un mundo en el que los profetas, reyes y emperadores pretendían, en su arrogancia, volverse tan poderosos como él, para usurpar su derecho a ser el Señor de la Magia y el Huésped de las Fuerzas de la Noche. De ese modo lanzó una maldición sobre aquellos que habían olvidado los viejos cauces de la

Naturaleza y deseó fervientemente engendrar un hijo que pudiera conducir al mundo lejos de esa santurrona rectitud, para hacerlo regresar al olvidado sendero de la magia. Y sucedió, por tanto, que mi espíritu paterno vertió su semilla en este mundo, tras lo cual emprendió su viaje hacia las regiones inferiores. De esta manera volvió a nacer su magia en el mundo, y así fue cómo se extendió hacia los más lejanos dominios, alimentada y fortalecida todo el tiempo por aquellos que podían escuchar su susurro en el viento. Yo, Merlín, profeta de las profundidades, soy su hijo espiritual. Mi alma esparce su cántico, tanto por los Cielos como por los más oscuros rincones de la Tierra.

Pero ¿qué sucedió con mi madre? Nunca supe su nombre, pues poco después de que hubiera yo nacido se retiró ella a una vida de religiosa penitencia. Y esto es tanto más verdad cuanto que todos los que la conocieron están de acuerdo en que era una muchacha inocente que, hasta que llegó la hora de mi nacimiento, había tenido una vida sencilla, pura y buena. Y se dice que en cuanto mi padre la descubrió, al punto procuró seducirla para que se convirtiera en su amante, colmando sus sueños con torpes pensamientos y visiones de placeres sensuales. Ahora bien, al sentirse mi madre turbada por tales visiones y torpes pasiones, corrió en busca del consejo de un amable clérigo, de nombre Blaise, que le encareció que, a fin de proteger la salvación de su alma, hiciera la señal de la cruz cada noche antes de irse a dormir y la repitiera cada mañana antes de iniciar sus labores cotidianas. Sin embargo, una noche dejó que el sueño se apoderara de ella sin que hubiera hecho la sagrada señal, y entonces mi espíritu paterno encon-

tró el momento oportuno para seducirla en la penumbra de su cuarto.

De esta guisa él transformó su ser adoptando la forma de un hermoso sacerdote y apareciendo así a los ojos de la joven como un consejero y un amigo. Muy pronto pudo extasiarla con sus amorosas quejas y con las muestras de su amistad y de su amor espiritual. Pero una vez logró apartar de ella su miedo y resquemor, empezó a seducirla con sensuales caricias, despertando en la joven unas emociones y unos sentimientos nunca antes imaginados por ella. Y plegándose a estos arrebatos, mi madre no tuvo reparo en pasar la noche en sus brazos, con su joven cuerpo unido al de él, de forma que cuando llegó la mañana la mágica semilla ya se albergaba en sus entrañas. Sin embargo, cuando se despertó no vio a nadie en su cuarto, por lo que en ese momento comprendió que de una forma tal vez extraña había caído en las amorosas redes del Diablo. Con toda premura corrió entonces en busca de Blaise para que tratara de tranquilizarla, diciéndole que lo sucedido no había sido más que producto de su imaginación. Pero todo fue en vano, ya que el sacerdote no pudo hacer otra cosa que confirmar sus temores, advirtiéndole que con toda seguridad había quedado embarazada de esa semilla del mal, y que a su tiempo daría a luz un hijo del Diablo.

De este modo tuvo lugar mi nacimiento. Se dice que cuando mi madre me acunaba en su pecho yo era un dulce y sonriente niño de rosadas mejillas, una verdadera delicia para cualquier madre, un motivo de la mayor alegría y orgullo. Entonces Blaise me bautizó, a fin de anular el rastro del Diablo y apartar de mí a los demonios que todavía que-

Gustaba grandemente disfrutando de mi propia soledad, y explorando el bosque por mi cuenta...

rían apoderarse de mi alma. Pero si bien mostré una amable disposición para ello, eran muchos los que pensaban que algo había de extraño en mi apariencia. Las personas que me cogían en sus brazos se decían en voz baja, unas a otras, que en ciertos momentos les parecía vislumbrar un espíritu inquieto y ancestral albergado en mi tierno cuerpo de infante; que mis ojos, aunque se veían aparentemente llenos de vida y de luz, mostraban, sin embargo, una profundidad y un misterio que no eran de este mundo. Y, cosa extraña, mi cuerpo pronto se vio cubierto con un blando y negro plumón, como el que proteje a un pajarillo. Así pues, decidieron darme el nombre de Merlín, que significa «mirlo».

Tras tales acontecimientos, y tal vez para reparar su terrible transgresión mediante el camino de la virtud, mi madre empezó a pasar gran parte de su tiempo dentro del recinto de un convento, rezando y buscando el perdón de su Dios. Mientras tanto, Blaise me protegía y cuidaba lo mejor que podía. Y de esta manera pasé mis primeros años de vida más en contacto con los animales de la granja, o bien errando solo por el campo, que jugando con los otros chicos de la aldea. Y aun cuando era muy joven, gustaba grandemente disfrutando de mi propia soledad, y explorando el bosque por mi cuenta, pues debo decir que jamás sentí el menor miedo. Algunas veces incluso descansaba en un lecho de hojas secas, dejando que los conejos, zorros y tejones se me acercaran y mostraran hacia mí la misma curiosidad que yo mostraba hacia ellos. Mirlos y pinzones se columpiaban en las ramas de los árboles sobre mi cabeza, mientras los petirrojos de pecho colorado entonaban sus dulces trinos para mí. Mientras tanto, yo cerraba los

ojos y me dejaba flotar en una ensoñación que me transportaba a un mundo de sueños en los que sus habitantes me daban la bienvenida a su universo fantástico. Muy pronto, en ese tiempo de maravillas y encantos, aprendí a hablar con los pájaros y los animales y, en realidad, ellos se convirtieron en mis auténticos amigos.

En aquel tiempo nuestro país estaba gobernado por el rey Vortigern, que había usurpado el poder a la muerte del rey Constantin. Vortigern había arrebatado el trono a los hermanos de Constantin, Uther y Pendragon, que se vieron obligados a retirarse a tierras lejanas. El rey Vortigern había sabido a través de aquellos que yo era «una criatura del Diablo», vástago ilegítimo de una monja de convento, y que parecía que en mi corazón y en mi espíritu encerraba poderes extraños que no eran de este mundo. Y sucedió que un día, recién cumplido mi quinto aniversario, mi madre y yo fuimos convocados a la corte del rey, y este empezó a inquirir de mi madre con mucha insistencia los detalles de mi extraña concepción.

—Juro por su alma y la mía, mi señor rey, que nunca llegué a saber quién fue el hombre que me embarazó —repuso ella con angustiada voz—. Una cosa tan solo sé. Descansaba yo en mi cámara cuando se me apareció el más hermoso y joven de los sacerdotes. Me pidió encarecidamente que no me asustase por su presencia, y de este modo empezó a hablarme en un tono de lo más amistoso y reconfortante. Sin embargo, pronto me tomó en sus brazos y empezó a besarme en la boca. Después, me hizo el amor y me dejó embarazada. Cuando a la mañana siguiente me desperté, él había desaparecido. Nadie sabe quién era ni de

dónde procedía. Un monje de la aldea me dijo que yo había estado con el Diablo...

Entonces el rey Vortigern se volvió hacia uno de sus consejeros más ancianos y sabios y le preguntó si se podía producir tal visita de un espíritu. Y el hombre sabio contestó.

—He leído en los libros de nuestros filósofos y en numerosas historias que muchos hombres fueron concebidos de esa manera. Sostiene Apuleyo, refiriéndose al dios de Sócrates, que existen, entre la Tierra y la Luna, ciertos espíritus que reciben el nombre de íncubos. Poseen en su naturaleza elementos a la vez angélicos y humanos, y cuando lo estiman oportuno adoptan forma humana y tienen relaciones con mujeres...

Sintiéndose todavía perplejo e inseguro sobre estos temas, el rey Vortigern volvió su mirada hacia mí. Muy bien recuerdo la arrugada y marchita piel de su rostro, sus ojos amenazantes, y su voz hostil y bronca.

—Así que tú eres el hijo del demonio, joven Merlín Ambrosius —dijo, con una sonrisa bailándole en los labios.

—¿Mediante qué artimañas has adquirido tu espíritu mágico? ¿Eres en verdad el fruto de un íncubo? Porque si así fuere, hemos de poner a prueba tus poderes mágicos...

Era yo por entonces demasiado joven para calibrar la naturaleza de esa pregunta, pero pude sentir, no obstante, el reto que encerraban esas palabras, y supe muy bien que la mágica naturaleza de mi alma iba ahora a ser puesta a prueba.

Entonces el rey Vortigern me habló de la gran fortaleza que estaba construyendo en las llanuras de Salisbury, para mantener a raya los ejércitos enemigos de Uther y Pendragon. Sin embargo, se sentía profundamente confundido por el

hecho de que si bien había mandado erigir aquel castillo con potentes y sólidas murallas, la fortaleza no acababa de verse terminada nunca, ya que durante la noche parecía como si surgiesen fuerzas ocultas de la tierra que hiciesen tambalear los muros y terminaran por arruinar el trabajo que se había emprendido durante el día. Y mientras él seguía hablando, yo entorné mis ojos cayendo una vez más en una de mis ensoñaciones. Entonces surgió de los cuatro rincones de la sala una niebla intensa, y al punto tuve esta inquietante y extraña visión:

Vi dos poderosos y terribles dragones, el uno rojo y el otro blanco, arrastrándose bajo tierra, dispuestos, según me pareció entender, a un interminable combate. Las llamas brotaban de sus fosas nasales, mientras los dragones se enzarzaban en su mortal refriega, y la tierra temblaba en torno a ellos, causando el derrumbamiento y el caos de la desgraciada fortaleza que se construía sobre sus cabezas.

Este combate de los dragones guerreros ocasionó otro increíble portento: pues se me advirtió en esta visión mía que la muerte del dragón rojo presagiaba la muerte del propio rey Vortigern. Me di cuenta entonces de que debía tratar con toda cautela la importancia de aquellos augurios, pues era yo demasiado joven aún para moverme con soltura por los caminos de la profecía y de la magia; y, por otro lado, el rey detestaría escuchar la verdad que yo pudiera transmitirle. Y si bien mis palabras pudieran causar su preocupación, era seguro que no querría atender a mis consejos.

Más tarde ordenó el rey que unos guardias me escoltaran de nuevo a la aldea con mi madre. Y nada más llegar pude enterarme de que los cortesanos se habían dirigido al buen padre Blaise para que, cuanto antes, hiciera lo que en su mano estuviera con objeto de eliminar los demonios que pudiera albergar mi alma. Pero muy pronto también tuve noticias de que mi profecía se había cumplido. Pues Uther y su hermano Pendragon habían desembarcado en Bretaña con un nuevo ejército, y sin gran esfuerzo habían derrotado a las fuerzas del rey Vortigern. El propio rey había perecido quemado, mientras su castillo de las llanuras de Salisbury había sido devorado por las llamas, y Uther y su hermano se habían convertido así en soberanos conjuntos de nuestra tierra.

Algunos años más tarde, siendo yo todavía un joven, Uther y Pendragon tomaron armas contra Hengist, caudillo de los invasores sajones. Y supe de este modo que la tragedia caería sobre uno de nuestros reyes. Pues vi en mi sueño a dos cuervos, uno de los cuales llevaba en el pico una pluma, mientras el corazón del otro era traspasado por una sangrienta flecha. Pendragón cayó en la batalla, mortalmente herido por un soldado, pero Uther supo reagrupar sus fuerzas y obtuvo una resonante victoria. De tal modo pudo gobernar todavía durante algún tiempo, tomando a su vez el nombre de Pendragon en honor de su hermano muerto.

... los dragones se enzarzaban en su mortal refriega...

La llamada del bosque

@

Algunos años más tarde tomé la decisión de retirarme para vivir en la soledad del bosque. Mucho se dolió mi madre cuando le dije que pensaba partir, no dejando de abrazarme llorando y suplicándome que permaneciera a su lado. Pero sabía yo que ella habría de encontrar su paz y tranquilidad en el seno de la Iglesia, mientras yo sentía que en mi corazón surgía una llamada muy diferente. Pues era un hecho que había sido llamado a moverme por inhóspitos lugares, por regiones solitarias por las que raramente se aventuran otros. Hasta donde logro recordar, sigo escuchando los murmullos del inquieto viento a la caída de la noche, mientras en la espiritual visión de mi alma me elevaba en las oscuras profundidades del cielo, danzando con los silfos, duendes y hadas de la Tierra de la Noche. Me regocijaba también con los cantos de los cuervos silvestres, con el fulgor del relámpago y el retumbar del trueno, y con la burbujeante risa de las turbulentas aguas de los arroyos. Amaba el sonido del rumor de las hojas de los árboles —especialmente las de los potentes robles, de los fresnos y abedules—, pues en ellos se susurraban las leyendas de los Antiguos. Y me complacía también con los rugi-

dos de los animales salvajes, a los que a menudo divisaba en la oscuridad, ansiosos por saber si yo era para ellos un amigo o un adversario. Sabía muy bien que podía encontrar mi sustento en el bosque, cazando el ciervo, atrapando al perezoso pez que se solaza en los remansos del río, y recogiendo los frutos y bayas silvestres que crecen en abundancia en los inexplorados valles. Sabía en lo profundo de mi corazón que el bosque sería para siempre jamás mi hogar, y que a partir de ese momento yo habría de vivir en soledad. Descubrí una gruta que me sirvió de refugio, cerca de la cual corría un arroyo de claras aguas. Así pues, recogí las escasas pertenencias conseguidas durante mis años de estancia en la aldea, y me interné en la floresta para lo que, según sentía en mi corazón, habría de ser una vida en solitario retiro.

En los meses y años que siguieron me identifiqué hasta tal punto con el bosque, que me hice uno con toda aquella vida silvestre que me rodeaba. Dejé crecer mi cabello, que caía en bucles sobre mis hombros, y florecer la barba hirsuta que poblaba mis mejillas y mentón, semejante a la aulaga que crece en los páramos. Cubrí mi cuerpo con las pieles de aquellos animales que había cazado. Pero hay una cosa que debes saber, pues es una verdad que quiero compartir contigo, que jamás maté un animal dejándome llevar por la ira, ni aniquilé a ninguna criatura viviente por mero placer o capricho. Siempre mostré mi agradecimiento más cordial a cuantos animales se dejaban cazar por mis manos. A algunas de tales criaturas quise hacer mías, integrándolas en mi espíritu como seres protectores y animales

El bosque sería para siempre jamás mi hogar...

de poder. Desde entonces ellos se albergan en mi alma, me hablan en sueños y me acompañan por los caminos de la magia.

@

Fue durante las primeras horas del alba, o en las sombrías del crepúsculo, en los claros herbosos o en las espesuras del bosque, junto a las aguas de rápidas corrientes o en el corazón de olvidados valles, en donde vinieron a mí por vez primera mis instructores en la magia, procedentes del Otro Mundo. Con frecuencia me encontré con el Cornudo, que también recibe el nombre de Finn o Cernunno, Señor de los Animales. Muchas veces bebí con él su aguamiel, bailamos juntos en libertad salvaje y cantamos las canciones de los espíritus benéficos. El Señor de los Animales es un ser poderoso y de grandes poderes mágicos, que tiene bajo su poder a muchas criaturas, desde el mañoso tejón y el oso furioso hasta la sabia nutria, la siempre vigilante águila, el ágil ciervo y muchas otros animales más. El poderoso Señor de los Animales había aparecido ante mí, envuelto en pieles y plumas, portando serpientes salvajes en torno a su cuello, y nobles astas por corona. Lo había visto con el feroz lobo yaciendo a su lado, y sometiendo al fiero toro con una simple mirada suya. Lo había escuchado cantar la canción del cuervo, y compartido los secretos de la lechuza. Él me había enseñado a bailar los cánticos y danzas de la Tierra, del Aire, del Fuego y del Agua, y a hacerme uno con el Gran Venado, confiriéndome su noble fortaleza y su valor. El Señor de los Animales me había enseñado también a cambiar de forma, haciendo que me

En los meses y años que siguieron me identifiqué hasta tal punto con el bosque...

mezclara con las brasas del fuego, las aguas de una corriente, los mechones de una nube o con los guijarros del suelo. Con frecuencia dancé como una bestia salvaje, fundiéndome con su naturaleza y haciéndome uno con su espíritu. Y de igual modo me adorné con coronas de asta, me vestí con pieles y dancé la danza del Primer Día, cuando todo era todavía joven y las hordas de los invasores hostiles no habían llegado a nuestras tierras.

También me encontré con la Graciosa Dama de las Flores, que me instruyó en el uso de los mágicos contenidos de las plantas, para llevarme a la tierra misteriosa que se encuentra más allá del Velo de la Niebla, y que me rebeló la dulce ternura del amor y del cariño. Así pude gozar de sus dulces besos, acariciar su piel suave y perderme en la grata espesura de sus largos y flotantes cabellos. Ella me alimentó a sus pechos, me proporcionó sus cantos y me donó la alegría de vivir, pues ella es quien da nacimiento a todo y la que hace crecer y prosperar todas las cosas en la luz del día. También ella se regocijó con el Señor de los Animales y bailó en las praderas del Sol.

Pero yo había visto en ella su otra cara, la cara de Morgana la Oscura, que albergaba también el terror y la muerte en su alma. Y fue ella quien me llevó hasta ciertos roquedales, por una senda que conduce hasta el Velo de la Niebla, en donde se establece la división entre el mundo de los vivos y el de los muertos. Y me mostró aquellas regiones que pocos seres en este mundo llegan a conocer. Aque-

Me encuentro con la Graciosa Dama de las Flores...

llos lugares en donde viven los íncubos y súcubos, que poseen las almas de los seres vivos cuando estos se entregan al sueño; y también los espíritus de la muerte y la desolación que hacen caer sobre nosotros las plagas y la peste. Las regiones en donde habitan los Furiosos, que muestran su cólera en las duras tormentas invernales; y los vengativos demonios, que vierten el veneno de su odio en el alma de los hombres celosos. Todas estas cosas llegué a ver.

Pero la Graciosa Dama de las Flores me había enseñado también todo cuanto ha de nacer, su crecimiento, esplendor y muerte, mostrándome tales misterios en su auténtica esencia.

Así pues, pude verla como una niña dulce e inocente, como una criatura del arco iris, que iba cambiando y convirtiéndose en una joven y seductora mujer, que engañaba a sus amantes con sus astucias y encantos y con sus efímeras y astutas promesas. Y después también apareció ante mí como una madre de sus hijos; y, todavía más tarde, como una anciana arrugada, marchita y desdentada, retorcida como una vieja y doblada pluma. Pues ella poseía, al mismo tiempo, belleza y dolor, ternura y miedo, delicadeza y ruina. Pues es todas esas cosas, ya que es la Diosa de la Tierra y de la cíclica Luna.

Todo esto aprendí entre los bosques secretos y los valles, en los lugares ocultos que se encuentran lejos de toda humana mirada. Y no tuve necesidad de la compañía de otros, ya que todas las cosas me llegaban desde las profundidades del bosque, de los rumorosos y sagrados arroyos, o de las plácidas ensoñaciones de la cueva, en donde el Señor de los Animales y la Graciosa Dama de las Flores se me habían presentado para instruirme a su modo.

Pronto surgió enteramente a mi vista un desgreñado cortesano...

Muchas lunas crecientes y menguantes vi pasar de esta forma, solitario y, sin embargo, enriquecido. No obstante, llegó el momento en que pensé en que si bien yo me había alejado de los humanos, ellos no se habían alejado de mí. Cierto día, muchos años después de que hubiera abandonado la aldea de mi madre, llegó a mis oídos el sonido de pisadas en el bosque, el rumor de los correteos de las pequeñas bestiecillas que huían, el crujido de las ramas rápidamente quebradas y el del follaje hollado sin miramientos. Y entonces alguien voceó mi nombre: Mer...lín, Mer...lín.

Pronto surgió enteramente a mi vista un desgreñado cortesano, con el ropaje desgarrado y sucio por toda clase de bayas, matas y zarzas. A su lado, debidamente cogido por las riendas, marchaba su fiel corcel. Ambos se mostraban agotados por la dureza y el rigor del viaje.

—¡Oh, Merlín! —exclamó el cortesano cuando me divisó—. He estado buscándote durante muchos días, pues el rey Uther desea que vayas a su corte. Necesita que le aconsejes, porque, sabiendo que dominas la magia y la profecía, desearía que le ayudaras, de la misma forma que un día ayudaste con tus oráculos al rey Vortigern.

He de decir que, por lo que a mí respecta, no sentía el menor deseo de atender la llamada de nadie, ya fuera rey o aldeano. Tal vez hubiera todavía en mi alma un cierto orgullo, el sentimiento de saber que era el bosque mi auténtico hogar y santuario; que quería proseguir en mi solitario retiro en estos bosques y no deseaba en modo alguno ser requerido en contra de mi voluntad. Así pues, durante un

rato guardé silencio, meditando la respuesta, antes de contestar finalmente:

—Quisiera aconsejar al rey, pero no estoy dispuesto a atender a su requerimiento para ir a su corte, porque no soy su siervo... Yo solamente sirvo a los Sagrados y a los Antiguos, cuyo poder y sabiduría a todos nos ensalzan. Por tanto, si no tienes inconveniente, ve a decir a ese rey que necesita de mi consejo que ha de ser él quien venga aquí, solo. Pues este bosque en donde moro es ahora la residencia de mi sagrada magia y el lugar en el que también se revelan los misterios.

Al escuchar mis palabras, el cortesano empezó a prostestar, con grandes gestos y manoteos, pues bien sabía que el rey se sentiría profundamente molesto con mi respuesta a su demanda. Pero yo no sentía el menor miedo por tal cosa.

—Esta es mi respuesta al rey —dije resueltamente, volviéndome de nuevo hacia la espesura del bosque—. Aquí espero su presencia.

Se dice que cuando el mensajero regresó a la corte del rey Uther e informó a este de lo sucedido, el soberano se dejó llevar por tal acceso de rabia y de cólera que costó mucho trabajo calmarlo, pues no había persona en el reino que se atreviera a imponer sus condiciones al monarca. Pero sucedía entonces, como ha de saber aquel que llegue al conocimiento de estos asuntos, que era yo, Merlín, quien ostentaba el poder y no él. Por ello, el rey Uther se vio obligado a hacer solo el viaje hasta el bosque. En realidad, pude ver que solamente había hecho el último tramo del recorrido en solitario, pues siendo como era un orgulloso monarca quería que todo el mundo le rindiese home-

naje. Así pues, sucedió que el rey llegó a mis dominios acompañado de importantes miembros de su corte, y seguidos todos por un notable cortejo de caballeros. Después, cuando hubo llegado a los linderos del bosque, dio instrucciones a uno de sus leales cortesanos y emprendió él solo el camino, penetrando en el bosque.

    Sucedió, pues, que lo vi llegar, antes de que él se hubiera siquiera acercado, y decidí entonces saludarlo primero, no como el sabio Merlín, el avisado consejero, sino bajo la forma de un humilde y deformado pastor que, tal vez, pudiera servirle como guía por los intrincados vericuetos del bosque.

    En cuanto me vio el rey Uther, me estudió con distante frialdad, mientras yo apacentaba mi disperso rebaño. Bien pudo advertir al observar mi cuerpo doblado y deforme que habían sido muchas las duras pruebas con las que me había obsequiado el tiempo, dejando sobre mis huesos la muestra clara del paso de los años.

    —Buen pastor —exclamó el rey, fingiendo unas maneras humildes y corteses—. Soy recién llegado a estas tierras y me siento necesitado de urgente consejo; dime, por favor, en dónde reside el noble y sabio Merlín, y si le conoces y sabes de su paraje, te ruego que me lleves ante él, por lo que gustoso te recompensaré con un soberano de oro...

    Descansado debió sentirse el antes ansioso rey cuando, levantando yo la mirada de mi errante rebaño, le respondí con cascada y vacilante voz. Había también en todo aquello un cierto sabor a lo maravilloso, pues no era normal que un humilde pastor supiera con tanta exactitud quién se hallaba ante él...

—¡Oh, sí, mi noble rey! Bien conozco el paraje en donde se encuentra el sabio y legendario Merlín, y hasta su cueva os guiaré.

Pero en ese momento, antes de que el rey tuviera siquiera tiempo de reflexionar sobre el poder de lo misterioso, hice uso de mi magia ante él en cuestión de segundos. Girando en círculo con la rapidez de un abrir y cerrar de ojos, y entonando secretas invocaciones a los Antiguos, he aquí que transformo mis humildes vestiduras de pastor y me convierto en un hermoso y gallardo joven, en un príncipe valiente en toda su pujanza.

El rey quedó asombrado; es más, permaneció sin poder pronunciar palabra. Cayó sobre él un espeso silencio mientras intentaba ordenar sus pensamientos, ya que difícilmente podía dar crédito a lo que acaba de presenciar. No obstante, pronto se dio cuenta de quién era yo:

—Ah, Merlín, ciertamente eres maestro en mágicos disfraces, y ahora sé bien que eres...

Respirando ya con mayor tranquilidad, el rey relajó su postura defensiva y empezó a hablar más libremente:

—Verdaderamente, me siento muy contento de haberte encontrado, pues necesito urgentemente el consejo que puedas darme, gracias al poder de tu magia y a tus encantamientos. Has de saber que necesito grandemente de tu sinigual guía en una cuestión que me encoge el corazón...

Sin saber cuál podía ser el objetivo del rey, pero respetuoso con su jerarquía, le rogué que continuase. Mientras tanto, el rey me había cogido por el brazo, hablándome suave e íntimamente, mientras caminábamos por un iluminado claro del bosque.

—Hace no mucho me he entrevistado con Gorlois, duque de Cornualles, cuyo castillo de Tintagel se eleva poderoso y altanero en nuestras costas occidentales. Pero mi asunto no se refiere a él, sino a su esposa, la graciosa y bella Yguerne. Pues el hecho es que me he enamorado de ella y no sé qué he de hacer.

—Cada noche veo su dulce y bello rostro en mis sueños. Y al asomarme a los cristalinos estanques de sus ojos percibo que mi amor encuentra eco en su alma. Siento sobre mi rostro su aliento suave mientras la abrazo, y sé que en verdad formamos un solo espíritu. Sin embargo, es lo cierto que Yguerne está con otro, un hombre que no puede conocer lo profundo de este amor que siento y por el que suspiro.

»Pero nada de esto tiene valor, puesto que Yguerne se resiste a enlazarse conmigo en este amor. Hace poco, mientras me hallaba en Carduel, un lugar cercano al castillo de Tintagel, me encontré con Gorlois y con la dulce Yguerne, y mientras presentaba mis respetos al duque, hice conocer a Yguerne, mediante un mensaje secreto, que necesitaba hablar con ella a solas, para tratar de estos asuntos del corazón. Mi propio consejero Ulfin, que se halla por encima de toda sospecha y que me es leal hasta la muerte, se encargó de llevar en mano mi mensaje a Yguerne; pero ella se ha resistido a cuantos esfuerzos he realizado por mi parte para encontrarme con ella, y me temo que mi amor sea en vano.

»Posteriormente he oído decir que Yguerne le ha contado a Gorlois mis proposiciones amorosas, por lo que él ha puesto a su esposa a buen recaudo en una torre de Tintagel hasta que se enfríe mi pasión. Dime, Merlín, sabio y

Yguerne se resiste a enlazarse
conmigo en este amor...

encumbrado maestro, de qué manera tu magia puede ayudarme en este asunto...

De hecho, cuanto el rey me contó me cogió por sorpresa, y necesité de algún tiempo para poder darle mi respuesta. Pero pronto se abrió ante mis ojos una forma de actuación que propuse al rey.

—¿Qué me decís de un plan, mediante el cual yo os haga llegar hasta su corazón gracias a un disfraz?— le pregunté. Y adentrándome todavía más en el tema, le hablé de un hechizo mágico, una fórmula secreta de grande y activo poder, con la cual transformaría su aspecto en el del propio lord Gorlois.

Y sucedió, pues, que hice mis mágicos conjuros en la noche de luna creciente, que tiene el poder de dotar a todas las cosas de su máximo desarrollo y prosperidad. Gracias a mi poderoso conjuro, el rey Uther adoptó la forma del duque Gorlois, al tiempo que su leal servidor Ulfin adquiría el aspecto del consejero de confianza del duque. Para mí escogí la apariencia de Britaelis, un cornuallés bien conocido y apreciado por todos en Tintagel.

Juntos hicimos el viaje hacia las costas occidentales de Tintagel, y gracias a nuestra autoridad sobre los guardianes, accedimos a la fortaleza en la que Garlois había guardado secretamente a su esposa. De tal manera fue bien recibido el rey Uther en el castillo por Yguerne, que, no albergando la menor sospecha en su corazón, llevó a su lecho a aquel hombre en el que ciertamente veía a su esposo. Y sucedió que en esa noche de amor y de formas disfrazadas fue concebido el niño que más tarde vendría a este mundo y sería conocido como Arturo.

Tras este real y mágico pernoctar —una arriesgada empresa que, debo confesarlo, causó calidez y tristeza a partes iguales en mi corazón— regresé al bosque. Pero el destino hizo que se produjera otro acontecimiento, pues pronto me llegaron noticias de la corte del rey Uther, de que el duque Gorlois había sido abatido en combate, lo cual abría el camino hacia la gracia y los encantos de Yguerne. Y de tal modo esto fue así que a su debido tiempo el rey Uther logró ganarse el corazón de la gentil Yguerne haciéndola su reina.

Cuando nació el pequeño llamado Arturo, la mayoría pensó que en realidad era el hijo del duque Gorlois, aunque muy bien supiéramos el rey y yo que tal cosa no era cierta. Confiándome su secreto, el rey Uther me solicitó que me convirtiese en el tutor del muchacho, educándolo como si de mi hijo se tratase. Pero tal cosa se presentaba irrealizable, pues mi forma y manera de vivir en el bosque no eran las más apropiadas para un pequeño.

En mi lugar se encontró para Arturo a sir Héctor, un leal caballero que tenía su propio hijo, llamado Kay. A partir de ese momento, Arturo y Kay crecieron como hermanos, sin que el joven Arturo llegara a saber que por sus venas corría sangre real.

La construcción de la tabla redonda en Camelot

Pasaron varios años durante los cuales las cosas del rey Uther y sus nobles no se me apartaron de la mente. Cierto día me llegaron noticias a través de Ulfin, que me vino a buscar a lo más intrincado del bosque, de que el rey Uther solicitaba urgentemente que lo visitase en su corte. Se trataba de un asunto de suma importancia, por lo que rogaba mi rápida presencia.

Sonriéndome para mis adentros, pues sabía que en esta ocasión era yo quien debía visitar al rey, en lugar de que fuera él quien viniese a mí, me adentré por los caminos del bosque en compañía de Ulfin y ambos cabalgamos hacia el castillo de Uther.

El rey Uther me saludó cordialmente en su corte, estrechando mis brazos entre los suyos, como si más bien yo fuera su hijo ausente, todo lo cual me alegró grandemente. Pasamos seguidamente a una cámara privada en donde los dos hablamos de aquellos temas que le resultaban queridos.

Atrayéndome a su lado, cosa que solía hacer cuando quería hablar en tono reservado, el rey Uther me dijo que estaba intentando reunir en su castillo un grupo de caballeros, fieles y valientes, que bajo su mandato se entregaran a la tarea de defender cuanto de justo, digno y valeroso hubiera en sus tierras. Y siguió diciéndome que estos notables caballeros, cuando llegara su debido tiempo, se reunirían en una sala del castillo y ocuparían su preciso lugar, uno a uno, alrededor de una mesa redonda —«redonda a semejanza del mundo», según sus palabras— construida de este modo

Me adentré por los caminos del bosque en compañía de Ulfin...

para que todos ellos ocuparan la misma posición, y ninguno pudiera considerarse de más alto rango que los otros. El rey Uther había dispuesto plazas para ciento cincuenta valientes caballeros, y deseaba que sus nombres se encontraran escritos en letras doradas sobre cada uno de sus asientos.

Y entonces el rey, fijando firmemente su mirada en mí, y poniendo su mano sobre mi hombro, me preguntó qué podría hacer yo para conjurar del modo más benéfico y po-

sitivo aquella singular mesa, a la que habrían de sentarse los caballeros más nobles del reino. Muy bien sabía el rey que una tarea de semejante naturaleza no era empresa humana, ya que de alguna manera, que de momento le resultaba desconocida, se daba perfecta cuenta de que aquella creación maravillosa tendría más que ver con el mundo de la magia que con una simple y humana tarea.

Aseguré al monarca que en mí había tanto el deseo como los medios requeridos para que en breve tiempo aquella mesa estuviera adecuadamente dispuesta y a su orden, en el Salón de los Caballeros. Le pedí a cambio que me concediese siete días, pues mis mágicos conjuros necesitaban, una vez más, de la ayuda de la luna creciente y de la cooperación de ciertos espíritus, a fin de que la empresa se realizase convenientemente. Después, y ya al despedirme, le deseé la mejor suerte. Y de nuevo emprendí mi camino de regreso hacia la floresta de la que había partido.

Ya en mi territorio, busqué el pedazo de madera de roble de la mejor calidad que pude encontrar, perteneciente a una pesada rama recién desgajada del árbol y caída en el suelo como si ella misma deseara servir a mi propósito. Tomando entonces mi venablo, y haciendo las debidas invocaciones a los espíritus de la tierra y del cielo —pues el Poderoso Roble pertenece tanto a este mundo como al otro—, empecé a tallar por mi propia mano una pequeña mesa redonda, que pudiese encajar en la palma de mi mano. En esta pequeña pero singular pieza inscribí los nombres de todos los espíritus benignos que estaban a mi servicio, y de muchos otros, pues, según la magia de los Antiguos, es este un requisito necesario para cumplir el propósito requerido.

En la noche de la siguiente luna llena...

Hice también con mis manos una pequeña y delicada silla que situé junto a la mesa, todo ello realizado con sumo esmero, como resultaba imprescindible para la ocasión.

La gente ignorante no sabe que lo similar genera lo similar, si bien es este uno de los puntos capitales de la magia. Así pues, con estos pequeños, si bien delicadamente realizados, objetos de poder, ocultos a la mirada ajena, regresé a la corte del rey Uther y al Salón de los Caballeros, en donde habría de instalarse, para mayor honra del rey, la Mesa Redonda.

En la noche de la siguiente luna llena —que todos cuantos practican la magia saben que genera prosperidad y abundancia—, invoqué por tres veces a mis espíritus benefactores, y también a los Dioses que se encuentran más allá del Velo de la Niebla, pues así lo requería la importante naturaleza del propósito del rey: sentar en torno a la Mesa del Mundo a un selecto puñado de leales y nobles caballeros. Y entonces sucedió ante mis ojos, con singular realidad, que una silla engendró a otra, al igual que hizo la Mesa Redonda con su similar que se encontraba en la palma de mi mano. Y solo cuando surgieron a su plena realidad todos estos objetos, se alejaron los Dioses y espíritus que yo había convocado con mis mágicas invocaciones, permitiendo que ahora fuera yo quien continuase su trabajo.

No existe en este mundo un solo hombre común que haya podido contemplar la realización de semejantes misterios; pues, en el fondo, ¿quién habría de creer en semejante poder de la magia? Y, no obstante, en un abrir y cerrar de ojos, ahí estaban frente a mí, en el salón del rey Uther, una increíble, majestuosa y redonda pieza de roble, la mesa más inmaculada que pudiera existir en la Tierra. Y a intervalos regulares

se encontraban a su alrededor, tres veces cincuenta asientos de roble, todos los cuales mostraban, con inscripciones delicadamente realizadas, los nombres y las enseñas heráldicas de cada uno de sus propietarios. He dicho que eran tres veces cincuenta, pero en realidad había dos asientos que permanecían innominados, pues estaba asignados a caballeros hasta ahora desconocidos, que se habrían de entregar posteriormente a la empresa de buscar el Santo Grial.

El rey Uther quedó muy complacido con este mágico trabajo, pues nada había en su reino que pudiera compararse en majestuosa apariencia al contenido de esta sala que habría de albergar a todos los caballeros que rendirían pleitesía a su rey.

Y así abandoné una vez más, en las primeras horas de la mañana, la corte del rey Uther. Pero apenas había pasado un año cuando de nuevo fui requerido a ella, por medio de Ulfin, quien ahora me puso al tanto de noticias llenas de tristeza. El rey había muerto sin dejar heredero, y era necesario que un nuevo y digno monarca fuese elegido para tal cargo. Los nobles de Uther solicitaban ahora mi compañía para que pudiera aconsejarles en este trance, ya que eran buenos conocedores de que yo había servido leal y sabiamente al reino.

Aunque yo bien sabía en mi fuero interno quién habría de ser nuestro soberano, nada podía decir al respecto, por temor a romper el deseo del rey Uther. En su lugar me propuse resolver el asunto mediante la realización de una empresa que solo podría cumplir aquel que habría de ser el indicutible y noble heredero de aquel reino.

Sucedió por entonces que en la ciudad de Londres, en el día de Navidad, los fieles que habían acudido a la misa na-

videña, en la iglesia de San Esteban, se encontraron ante una prodigiosa sorpresa. Y fue ello que en el empedrado patio que rodeaba la iglesia se erguía una roca singular, que nadie sabía cómo había podido llegar allí ni de dónde procedía. Sobre la roca se hallaba una pieza de pesado hierro en forma de yunque. E inserta profundamente en esta pieza a modo de yunque se hallaba, como todos pudieron ver, una potente espada de enjoyada empuñadura, en la que figuraban estas sucintas palabras: «Nadie sino aquel que pueda extraer esta espada de su emplazamiento podrá atreverse a ocupar el trono del rey Uther».

A medida que la multitud maravillada fue rodeando la roca, yo puse en práctica el reto de que aquel que quisiera convertirse en rey podía ahora optar por su corona.

Muchos eran los caballeros que había en el reino de Uther, y todos ellos intentaron extraer la espada de su emplazamiento de hierro. Pero uno tras otro se vieron obligados a replegarse, porque ninguno fue capaz de llevar a cabo la proeza. Así pasaron muchos meses sin vislumbrar el heredero que pudiera ocupar el trono.

Pero un buen día llegó a la ciudad de Londres sir Héctor acompañado de su hijo sir Kay, y junto a ellos su hijastro, el joven Arturo, quien apenas contaba quince años. Sir Kay venía a tomar parte en un torneo de caballeros, aunque carecía de una potente espada, ya que la suya se había quedado encerrada debido a un indeseado accidente. Y sucedió que Arturo, que se había encargado de encontrarle ese mismo día una nueva espada, no veía fácil resolver el asunto. Ahora bien, Arturo había oído hablar del maravilloso suceso del patio de la iglesia, pues la gente no paraba de hablar de la espada clavada en la roca, si bien nada sabía él de

Arturo, desconociendo lo que aquello significaba...

la promesa que figuraba en la empuñadura. Y, sin pensárselo dos veces, Arturo, desconociendo lo que aquello significaba, extrajo con la mayor facilidad la espada y se la entregó gustosamente a sir Kay, para que la usase a su placer. Pero sir Héctor había visto cuanto había sucedido y se propuso informar al joven Arturo de la verdad a su debido tiempo.

Así pues, sir Héctor se llevó al chico aparte y le hizo introducir de nuevo la espada en su férreo emplazamiento, de modo que todos cuantos se acercasen vieran nuevamente la espada atrapada en la roca. Y otra vez algunos intentaron extraerla, pues sabían que en caso de que lo consiguieran la corona sería suya, si bien todo les resultó en vano.

Pero el silencio cayó sobre la multitud cuando Arturo extrajo sin esfuerzo la espada de la roca. Quienes presenciaron aquella maravilla supieron que sería Arturo el nuevo rey. Una plegaria de alabanza se alzó entonces hacia el cielo, y todos cuantos allí se encontraban lo reconocieron al punto como caudillo de su tierra.

No obstante, Arturo era un muchacho joven, y su real empresa necesitaba profundamente del consejo y de la guía de aquellos que llevaban muchos años más que él en este mundo. Y en tal asunto no hay duda de que yo jugué mi papel, pues siempre me encontré a su lado en momentos de gran crisis; y ante sus ojos desplegué planos y grandes proyectos para Camelot, su noble corte y palacio, que construimos inmediatamente en Winchester. En este emplazamiento se elevaron esbeltas torres y se construyeron sólidos baluartes que se alzaban señeros sobre los campos colindantes. Dentro de la fortaleza había fuentes mágicas —de las que manaban salutíferas y prístinas aguas—

Arturo, que viajaba con su corte a lo largo y ancho, se enamoró de Ginebra...

y maravillosas plantas, cuyo aroma era como un néctar para el alma. Esbeltos pavos reales se paseaban por jardines embellecidos por macizos de blancos lirios, mientras que en las aguas del río que rodeaba el castillo nadaban abundantes y rosadas carpas. Y todos estaban de acuerdo que los dioses sonreían al ver la hermosura de Camelot, pues, finalmente, la paz y la armonía habían llegado a esta tierra.

También fabriqué para el rey una delicada y hermosa cota de malla, que ninguna espada ni venablo pudieran atravesar. Y en su cámara privada, como un regalo especial de Merlín para su rey, coloqué un espejo mágico en el que aparecía cualquier cosa que se deseara ver. De este modo Arturo podía viajar mágicamente por todo su reino y contemplar cuanto en él sucediese, ya que ahora su espíritu disponía de ojos que podían traspasar las murallas de su castillo.

Y sucedió que llegó el tiempo en el que el rey debía encontrar una graciosa reina. Arturo, que viajaba con su corte a lo largo y ancho de extensos territorios, trabó conocimiento y se enamoró de Ginebra, la hermosa hija del rey Lodegrán. Tuvo también Arturo que sostener una sangrienta guerra en Bretaña, en la que se mostró ante todos como el más valiente y magnífico rey del mundo entero. Y cuando finalmente llegó el tiempo de Pentecostés, Arturo desposó a su prometida, llevándola a Camelot, en donde se celebraron grandes fiestas con toda la pompa y el esplendor de la corte.

Muy pronto se pudo cumplir también el deseo del desaparecido rey Uther, pues Arturo ordenó que fuese construido un gran salón en donde se estableciese en toda su magnificencia la Tabla Redonda, de modo que en su torno todos los valientes caballeros pudieran tomar asiento, para mayor

gloria del reino. Y cuando llegó el tiempo propicio, convoqué a todos estos notables caballeros alrededor de la mesa de roble, y pronuncié sus nombres con voz clara y fuerte, colocando sus cimeras en la pared a la altura de sus respectivas cabezas. Pero ya antes de que los caballeros se hubieran reunido allí, había descubierto el rey las estatuas de doce señores enemigos a los que había abatido en la batalla. A todo lo cual siguieron grandes festejos y mucho regocijo, pues cuantos habitaban en Camelot tenían un único y definitivo anhelo que a todos unía.

No obstante, había llegado el momento de que se asignara a cada uno de los caballeros su personal empresa. Entonces quise unirlos a todos, revelándoles el objetivo firme que habría de ser el más querido y ansiado por sus corazones: la búsqueda del Santo Grial, la sagrada Copa de la Verdad, que había sido bendecida por los Antiguos. Y coloqué, con letras doradas, sobre uno de los asientos que se mantenía vacío la leyenda de: «Asiento Peligroso». El otro asiento vacío siguió sin nombre alguno, pues habría de ser ocupado por aquel caballero cuyo valor y virtudes lo hicieran digno de ver el Grial.

Cuando todo esto se hubo cumplido, emprendí mi partida de Camelot. Y viajando durante largas jornadas en busca de mi amada paz, llegué una vez más a Bretaña. Sin embargo, no había de ser la quietud mi compañera ni mi confortamiento en mis noches y en mi sueño. Pues los dioses habían dispuesto que los hombres vivieran nuevos acontecimientos, y nuestras vidas habían de experimentar extrañas vueltas y revueltas en su tránsito por esta Tierra.

MI AMOR POR VIVIANA

Ha llegado el momento de que te hable de la hermosa Viviana, pues ella constituye el ser amado que llena mis sueños nocturnos, inundándome el espíritu con sus mágicas y esquivas maneras. Y tanto es así que mientras me encuentro aquí, en Bretaña, en esta mágica torre, y voy relatando esta crónica en la que narro mi historia, incluso ahora siento cómo ese amor llena mi corazón, temiendo que su encantamiento pueda durarme por toda la eternidad.

Sucedió, pues, que la vi por primera vez en el más hermoso de todos los lugares que puedan existir, la Fuente de Barenton, que constituye también un santuario y un refugio para el espíritu. Con frecuencia venía yo a Bretaña, llegándome hasta los bosques de Paimpont-Broceliande; en esos vastos parajes existe un recogido claro en el bosque al que, según he oído contar, vienen algunas personas para curar su locura en las claras aguas de la fuente. ¿Estoy, acaso, yo loco; o lo he estado, o siempre lo estuve? En verdad que no lo sé, pues cierto es que los dioses no dejan de atemorizarme en mis sueños, ni de perseguirme a lo largo de los días y de los años que llevo viviendo sobre esta tierra.

Barenton, desde tiempos remotos, ha sido un lugar sagrado, pues aquí es en donde se ha venerado en tiempos

... era un ser joven y dulce,
con mejillas como rosas...

pasados a Belenos, el Dios del Sol. Y ciertamente que a este lugar debió venir también esta diosa del Sol —o al menos así lo pensé—, pues aquí fue en donde logré espiar a la maravillosa Viviana, mientras tomaba agua de la fuente.

Ella era un ser joven y dulce, con mejillas como rosas y unos ojos cuya belleza recordaba a las perlas de rocío sobre las hojas. Pero yo era un viejo cuya frente estaba surcada por innumerables arrugas, y cuya barba espesa y su ajado rostro no parecían convenir a quien quisiera verse libre de los brujos y brujas que gritan y se contorsionan en la Noche de Halloween.

No obstante, yo la amé desde aquel momento, y me propuse que mis poderes mágicos habrían de manifestarse en su presencia. De este modo hice los conjuros necesarios para que se produjeran los cambios pertinentes y pudiera aparecer ante la dulce Viviana como un joven galán, y no como un ser que hubiera podido asustar mortalmente a cualquier doncella. Ahora me había convertido en un joven hermoso y muy atractivo, en un noble viajero recién llegado a aquellas tierras, que había conocido reyes y reinas y que, por tanto, tenía muchas y grandes cosas que contar. Y Viviana vio a ese hermoso joven —no al que realmente yo era—, y puso todo su empeño en mantener conmigo una breve charla de bienvenida.

Pronto me hizo ella preguntas y rápidamente me dispuse a contarle una historia: yo era un paje errante que había abandonado la corte de un lejano país en busca de su señor, al que pensaba encontrar en este lugar. Poseía notables conocimientos y habilidades aprendidos en mi servicio a reyes, reinas y duques, en múltiples y diversas regiones...

Fue entonces cuando surgieron de sus labios estas palabras:

—Decidme, señor, algo más de vuestros negocios.

Y aunque yo, en un principio, quise hacerme el desentendido, ella volvió a insistir, esperando escuchar mi respuesta. De este modo me vi obligado a contarle lo siguiente, ya que la imaginación parecía haberse adueñado de mí en ese momento:

—Algunas veces, gracias a saberes mágicos y antiguos, he llegado a levantar castillos en el aire para evitar que reyes y reinas fueran presa de fieros ataques, salvando también a sus hombres de la muerte y del derramamiento de sangre. De igual modo he creado ríos que fluían sobre la tierra como serpientes, y he caminado sobre las turgentes aguas de los lagos, sin que mis pies llegaran a mojarse ni tanto así antes de alcanzar la orilla...

Ahora sabía la dulce Viviana que la magia se extendía por todas partes, cosa que la alarmó no poco, pues muy bien pudiera ser que yo nada tuviera que ver con aquella galana figura que ella estaba contemplando. Y de este modo siguió inquiriéndome sobre los poderes y encantamientos de la magia que yo dominaba. Sin embargo, yo detestaba mostrarle la realidad de quién era y cómo había conseguido dominar aquellos misterios. Pero ella me llevó aparte y, poniendo su dulce mano sobre la mía y mirándome profundamente a los ojos, me dijo:

—Habladme más, señor, de qué tipo de magia es esa...

De este modo, en un abrir y cerrar de ojos, golpeé mi bastón de madera contra la fuente, haciendo acopio, al mismo tiempo, de todos mis poderes mágicos. Y en ese

momento surgió ante sus ojos toda una comitiva de graciosos caballeros y bellas damas. Y en medio de todos ellos hice aparecer un delicado y místerico castillo, cuyas torres se alzaban hacia lo más alto. Pero entonces todas estas bellas damas y caballeros se dirigieron hacia la puerta del castillo y, pasando a través de ella en fila doble, desaparecieron de vista.

Esta escena había llenado de alegría y gozo a la hermosa Viviana, haciendo que se acercara cada vez más a mí, al tiempo que me rogaba que le mostrara y le hablara más sobre todo aquello. Interiormente sentía crecer el fuego del amor, hasta el punto de que hubiera deseado ardientemente hacerle el amor sobre aquellos macizos de helechos de Brocelandia. Pero ella, por su parte, seguía importunándome con más preguntas, y charlando amistosamente conmigo, sin querer comprometerse en mis propuestas amorosas. De este modo no permitió que aquel día pudiese yo tomar su virginidad.

No obstante, Viviana se había apoderado de mi corazón, por lo que no tuve más remedio que seguir mostrándole nuevas maravillas de mis poderes mágicos, Así pues, hice aparecer ante sus ojos todo un vergel de hermosos y bien surtidos árboles, cargados de frutas y de bayas, en los que cantaban juguetones pajarillos. Y ella hizo como si cogiese algunas de aquellas frutas y las saboreara, cual si quisiera probarme que aquello era verdad.

Pero entonces llegó la hora en que tenía que partir, ya que su padre había estado aguardando aquel día su dulce regreso, y las horas habían transcurrido presurosas y se hacía de noche. A partir de entonces, muchos fueron los días

que me pasé entre las frondosidades de Brocelandia, esperando su regreso.

Pocos días después apareció de nuevo para tomar las aguas de la fuente. Y otra vez volvió a preguntarme sobre la magia y mis poderes, y cómo podía enseñarle yo esas ciencias de los antiguos. Por mi parte, sin embargo, solo advertía las llamas de mi corazón que se consumía de amor, ya que los pensamientos sobre las artes mágicas me parecían entonces muy lejos de mí. Mi único propósito era encontrar el medio de hacer el amor con aquella doncella, sobre el lecho de flores y de aromáticas hierbecillas de la umbría.

Y fue entonces cuando, al advertir mi deseo, me dijo lo siguiente:

—Sabio Merlín, mi querido y encantador amigo, enséñame para que yo haga que un hombre pueda caer inmediatamente dormido, y que no despierte hasta que yo ordene lo contrario.

Pero yo sabía que tal cosa era una añagaza, y no quise enseñarle los encantamientos necesarios para ello.

Durante siete días y siete noches permaneció a mi lado la hermosa Viviana, a pesar de las llamadas de su padre, aunque siguió sin concederme el don de su virginidad. Pero siguió rogándome sin cesar para que compartiera con ella el secreto de aquel conjuro.

Cuando me negué a hacerlo, me dijo:

—En ese caso, ¿qué poderes mágicos emplearías para lograr que una mujer cayera dormida, se pudiera hacer el amor con ella de noche y despertarla al llegar el día?

Y como un necio, que a pesar de saber lo insensato de su proceder lo lleva a cabo, le enseñé el secreto de ese encantamiento. Viviana, ocultando su añagaza, escribió el encan-

tamiento sobre un pedazo de pergamino —con todos los conjuros de poder— y, una vez logrado lo que se había propuesto, se alejó muy feliz perdiéndose entre la umbría.

Cinco días completos estuvo ella ausente, cuando todavía no había podido yo gustar de las delicias de su amor. Finalmente, volvió de nuevo a Broceland y una vez más me llamó.

Y nuevamente, bien provista de pluma y pergamino, volvió a instarme:

—Si me proporcionas el conjuro que deseo, haré el amor contigo y tú podrás obtener así mi virginidad en un lecho de flores, entre los árboles del bosque y en medio de los silvestres cantos de los pájaros. Dime, por favor, cómo se puede establecer el conjuro necesario para construir una torre que se eleve sobre un risco pedregoso, tan alta y fuerte que sus almenas se pierdan entre las nubes. Un lugar en el que yo pueda tener a mi amante, preservándolo para mi sola entre esos muros. Que él pueda estar a mi entera disposición, para entregarse a las amorosas pasiones del corazón, y que no le sea posible abandonar esa torre sin mi autorización.

Y yo, confiado de mí, encandilado por la conquista de su amor, no tuve inconveniente en revelarle todo tipo de conjuros y encantamientos. Como tampoco en decirle a la hermosa Viviana la fuerza y poder que en ellos residían...

Y, sin embargo, ¡cuán necio fui al compartir de este modo mis poderes mágicos! Porque ella se aprovechó de la fuerza de tales encantamientos para emplearlos contra mí. Así pues, en la víspera de la luna creciente conjuró a los Antiguos Dioses para que, animados con todo su poder, le prestaran su ayuda y pudiera, de tal modo, construirse esta torre. Y cogiéndome de las manos hizo que yo penetrara

... conjuró a los Antiguos Dioses para que,
animados con todo su poder, ...

en ella. Y así, despojándose de sus vestiduras, y desnuda en plena noche, me condujo hasta su cámara, en la que flotaban suavemente colgaduras de rosado damasco. De este modo, abrazados el uno al otro caímos sobre su almohadillado lecho, y mi espíritu pudo volar finalmente hacia los cielos de aquella dulce y mágica bendición.

Y heme aquí, sin embargo, prisionero de mi propio amor para toda la eternidad. La hermosa Viviana me visita en esta torre dos veces al día, a última hora de la noche y en las primeras del amanecer, si bien en ambas ocasiones ella vuelve a desaparecer, para seguir ejercitando sus conjuros en el mundo. Y mientras ella continúa prodigándome puntualmente sus encantos amorosos, porque tiene prisionera mi alma, los años me van haciendo cada vez más viejo y marchito. Y he de sentarme aquí y en soledad, alimentando mis sueños, reflexionando sobre mi destino, hora tras hora, hasta la llegada de la noche.

No obstante, la vida me ha concedido sus propios dones y bendiciones. Pues no he de olvidar los muchos poderes mágicos recibidos a lo largo de mi vida del poder y de la sabiduría de Cernuno, Señor de los Animales, y de la Bella Dama de las Flores, que abrieron mi corazón al amor y a las maravillas que en él se encierran. Y ahora, tal y como está ordenado, tomo de nuevo pluma y pergamino para continuar narrando mi historia. Porque en verdad quiero compartir estas maravillas contigo, antes de que tan grandes misterios y ancestrales verdades puedan perderse dejándose llevar en brazos del viento.

CONOCIMIENTO

MÁGICO

CÓMO PUEDES CONVERTIRTE EN MAGO O EN BRUJO

En verdad, la magia se manifiesta mediante un llamamiento, que constituye una forma de mostrarse en este fabuloso mundo. Para algunos de nosotros tal cosa surge en nuestro interior, de forma tan natural como el soplo de viento que acaricia la tierra, animándonos a elevarnos y a volar. Ignoramos de dónde procede esa llamada, pues tal cosa es un misterio; pero representa una señal que nos incita a descubrir quiénes somos y qué debemos hacer mientras estamos en esta Tierra, buscando nuestro verdadero objetivo.

A veces los poderes de la magia nos llegan durante la noche, de forma inesperada y espontánea. Mientras nuestra alma dormita, se une con las oscuras formas de la noche, buscando los suaves resplandores que iluminan nuestros sueños. Tal vez en ese momento nocturno nos visite un ave —una lechuza o un cuervo— y vuele tres veces a nuestro alrededor mientras dormimos. Ese pájaro de la noche nos invita a despertar, a que tengamos una visión dentro de nuestro mismo sueño. Y después nos llega un cántico; un canto que, al principio, solo lo oímos de forma leve, pero que va aumentando de tono, y que parece como si quisiera hablar

La magia se manifiesta mediante un llamamiento...

a lo más profundo de nuestro corazón. A través de ese canto el pájaro nos llama, y entonces sabemos que la música del encantamiento solo nos pertenece a nosotros; es un canto especial, cuyo poder y significado nos enriquece y nos guía a medida que vamos caminando por la vida. Y ese cántico que se nos ha concedido durante el sueño es algo que hemos de recordar cuando cada mañana despertemos, evocándolo en nuestros corazones como un regalo del nuevo día.

A otros tal vez no se les aparezca ese pájaro de la noche, ni tampoco ningún otro guía ni espíritu benéfico. Para estos buscadores de la magia, se debe iniciar entonces un viaje del alma, necesario para encontrar a los guías que habrán de apoyarnos y nutrirnos en esta vida. Estos guías nos llevarán a las grietas existentes entre los mundos, hacia los valles interiores que conducen al Velo de Niebla, y hasta la compañía de los Antiguos, que danzan en el alba del Primer Día.

Existe un árbol, un poderoso Roble Sagrado, que es como mil robles fundidos en uno; un árbol que se yergue hasta el cielo, y cuyas ramas se extienden tan altas que desaparecen en la vastedad del infinito. Las raíces de este poderoso árbol también se entierran en lo más profundo de la tierra, extendiéndose hasta las mayores profundidades que conforman la base de los Mundos Inferiores. Hemos de viajar a través de las ramas y de las raíces de este noble árbol, hasta que encontremos a nuestros espíritus benéficos —nuestros guías, nuestros familiares mágicos—, pues sin ellos nuestro camino carecerá de sentido y de intención, y erraremos solitarios y sin propósito.

Cierra ahora tus ojos y concéntrate, en tu visión interior, en la forma y majestad de este terrible y poderoso árbol,

Existe un árbol, un poderoso Roble Sagrado,
que es como mil robles fundidos en uno...

de este Sagrado Roble de los Antiguos Misterios. Ahora observa que en la base de este árbol se abre una gran puerta de madera, sobre la cual se halla escrito tu nombre. Esta puerta te está llamando para que entres por ella y explores los misterios que se encuentran en el interior.

Permaneciendo siempre en tu visión interior, pasarás ahora por un pasaje que te conducirá a lo largo de un oscuro y misterioso túnel que se va introduciendo en lo más profundo de la tierra. Puede ocurrir que por un momento este túnel te parezca oscuro y prohibitivo, pero a su debido tiempo sentirás a tu alrededor la presencia de los espíritus de la tierra —duendes, elfos y juguetones espíritus de la Naturaleza—, que te apremian a seguir adelante y que te apoyan, sin mostrarse visibles. A medida que te vas adentrando en este túnel divisarás, a lo lejos, una débil luz que lanza sus destellos vacilantes sobre las arrugadas paredes del túnel. Ahora esa luz te llama hacia sí, te anima a que sigas avanzando, y tú sabes que a medida que te aproximes a este origen pronto penetrarás en otra región, en un mundo en donde habita la magia, y en donde se otorga el conocimiento. Pues este es, con toda seguridad, el dominio en el que pueden hallarse los espíritus benéficos, los familiares de poder, que formarán un vínculo duradero entre la magia y tú y que te ayudarán a encontrar tu propio camino en estas místicas regiones.

A medida que vas recorriendo más y más el camino hacia la luz, notarás que sus rayos caen con más libertad sobre tu rostro, enriqueciéndote con mayor fuerza y con una valiente resolución. Finalmente, llegarás a un punto del túnel que se abre a un vasto espacio y que constituye el do-

minio infinito de la magia y de lo maravilloso. También habitan aquí los benéficos guías del espíritu.

Encárate ahora con los brazos extendidos hacia la mística luz, y llama en voz alta a tu aliado mágico —a tu espíritu benéfico— para que se te presente. Has de hacer que esta llamada surja desde el fondo de tu corazón, no como meras palabras sino como un anhelo intenso que parte del alma. Y esta invocación surcará los aires como el torbellino que se forma en un torrente de montaña, de modo que puedas atraer a los seres espirituales que han de venir para servirte. No te pares a juzgar, en una primera instancia, quién pueda ser esta criatura; tampoco esperes que se trate de grandes caballos alados, de fieros tigres o de relucientes y doradas serpientes. Pues es posible que tal vez el ser espiritual que se presente ante ti sea un humilde gorrión, un manso y tímido tejón, o un pequeño ratón campestre. Pues has de saber que todas ellas son criaturas de la Naturaleza, y tienen su lugar en este mundo y en el otro. El espíritu benéfico que se te aparezca te ha sido concedido como un regalo, y como tal has de recibirlo con la mejor voluntad y espíritu. Muy probablemente esta criatura danzará ante ti, y se te aparecerá procedente del Norte, del Sur, del Este o del Oeste. Dale la bienvenida en tu corazón, habla con él desde lo profundo de tu alma y danza con él en la luz mística, alegrándote de que los Señores y las Diosas de la Naturaleza te hayan concedido tal regalo. Y entonces, mientras abrazas esa criatura fuertemente contra tu corazón, emprende nuevamente el camino a través del túnel hacia el mundo del despertar de donde has venido. Este guía benéfico ya estará contigo para siempre, y

será tu servidor en el futuro, cuando vuelvas a aventurarte nuevamente hacia la mística luz. Porque ten en cuenta que tanto este guía, como otros que puedan presentársete de ahora en adelante, te ayudarán a encontrar el camino entre los Dioses y espíritus de los Mundos Interiores.

Ahora, tras recorrer nuevamente el túnel con tu aliado mágico, llegarás una vez más a la puerta de madera que se encuentra en la base del poderoso roble. Cierra firmemente esa puerta tras de ti, con todo respeto hacia lo que te ha sido concedido. Y tras permanecer ahí de pie, haciendo profundamente tuyo este regalo de conocimiento que te han dado los Dioses, y una vez que empieces a dar los primeros pasos por el camino de la magia, dos son las cosas que se requieren de ti. La primera es que debes tomar un nombre mágico que solo tú habrás de conocer; y la segunda es que debes hacer una ofrenda en acción de gracias a los Dioses.

El nombre mágico que tomes ha de ser uno que resuene fuertemente en lo más profundo de tu alma, y que constituya asimismo un símbolo de tu unión con los místicos Mundos Interiores. Es necesario que tal nombre represente tu más preciado secreto, y que a nadie se lo confíes, pues constituye tu propia esencia y tu poder. Mientras te encuentras de pie ante la puerta del Antiguo Roble —el portal de los misterios—, alza tus manos hacia los Cielos y recibe este nombre mágico, que llegará y se te revelará cuando llegue el momento. Después, y a tu manera, haz una ofrenda de agradecimiento a los Dioses con algunas de esas preciosas cosas que se hallan en la Naturaleza y que tú se las devuelves con el mejor espíritu. Esas cosas pueden ser pequeños objetos que tienen valor para ti: una pluma de

gran belleza, un hermoso canto rodado encontrado en el lecho de un río, una hoja de árbol de bonitos tonos, o algún otro objeto que tú mismo hayas hecho.

... de igual modo hemos de vivir nuestras vidas, de acuerdo con la forma de los Antiguos.

Los festivales místicos

Permíteme que te diga una vez más que todo el universo fluye como una corriente, de estación en estación, de un ciclo al siguiente, bajo la guía vigilante y atenta de nuestra Señora de la Luna. Y de la misma forma que el tiempo de la cosecha sigue fielmente al de la siembra, de igual modo hemos de vivir nuestras vidas, de acuerdo con la forma de los Antiguos.

En mi pueblo hemos honrado a los Antiguos con festivales iluminados por grandes hogueras que se alzaban hacia los Cielos, y que se acompañaban con gran alegría y alegres canciones; y también con el relato de cuentos y leyendas narradas con gran respeto por la memoria de aquellos seres que nos habían precedido. También elevábamos las manos hacia lo alto para invocar a Lug, Rey del Viento, o para saludar a Belenos, Rey de la Llama. E igualmente bebíamos del manantial sagrado en honor de Llyr, rey de las Aguas, haciendo también sacrificios en honor de Cernuno, Rey de la Tierra.

Estas eran, pues, nuestras festividades de salutación, nuestras celebraciones en honor de los Antiguos:

El nuevo año empezaba con la primera luna llena de Escorpio, en el reino de los cielos, y este festival recibía el nombre de Samhain (que se celebraba la última noche de octubre). Pues es en ese tiempo cuando se abren las Puertas del Otro Mundo y las sombras de los muertos vienen a pasearse entre nosotros. Son muchos los que se reúnen en-

También hacíamos ofrendas a aquellos que habían pasado antes que nosotros el Velo de la Niebla...

tonces para narrar las viejas historias durante las desapacibles noches de viento.

También hacíamos ofrendas a aquellos que habían pasado antes que nosotros el Velo de la Niebla. Por entonces sembrábamos nuestras semillas en el interior de la tierra a fin de que, llegado el momento, dieran buenas cosechas; y después almacenábamos los frutos de la recolección que habíamos hecho previamente. También cuidábamos y recogíamos nuestro ganado, sacrificando aquellos animales cuya carne necesitábamos para nuestro alimento y para restaurar nuestras fuerzas, compartiendo siempre nuestras provisiones con los pobres y necesitados, al igual que con todos aquellos que vivían el duelo por la muerte reciente de sus seres queridos.

Y para establecer presagios y agüeros trazábamos marcas sobre piedras que habíamos recogido previamente, y que después lanzábamos al fuego de las hogueras, cuya luz iluminaba el cielo nocturno. Más tarde, cuando llegaba el momento en que las sombras se iban desvaneciendo ante la proximidad de las primeras luces del amanecer, se buscaban esas piedras entre las cenizas de la hoguera, para comprobar cuál habría de ser la fortuna que nos esperaba, como augurio, en aquel lugar.

También entonábamos en ese tiempo nuestros cánticos de alabanza a Dagda, Señor de la Vida y de la Muerte, y a Morrigu, Gran Reina de los fantasmas y demonios; e igualmente a todos aquellos seres que nos habían precedido en su partida hacia el otro mundo.

Después, con el paso de la luna, entrábamos en Imbolc u Oimelc, que empezaba con la primera luna llena de

Acuario, el portador de agua (que se celebraba la última noche de enero). En esa época nacían los corderillos y las ovejas daban su mejor leche. Era el tiempo en que ofrecíamos nuestros tributos a la poderosa Diosa Brighid, que había viajado a lo largo y ancho de la Tierra, portando buena fortuna y felicidad a cada uno de los habitantes de esta Tierra. Algunos de nosotros habíamos desparramado cenizas en el hogar para ver en donde Brighid había dejado su propia marca. Y a aquellos que lograban descubrir sus huellas entre las cenizas, les acaecerían con seguridad grandes venturas y bendiciones; e incluso aquellos que hubieran descubierto una ligera marca, incluso una suave línea entre las cenizas, también gozarían de algún grado de buena suerte. Pero quienes no lograran descubrir signo alguno en el hogar, habrían de hacer ofrendas a Brighid, para tratar de conseguir los favores y la bondad de su corazón.

Pues has de saber que Brighid insuflaba vida en lo que estaba muerto y traía gran consuelo y salud a nuestro pueblo. Y daba sus bendiciones a aquellas mujeres que estaban a punto de alumbrar a sus hijos. También iluminaba con el fuego de la esperanza y de la creación todos aquellos que nos brindaban sus poesías y su delicada música para nuestro deleite. Ahora, en esta época de Imbolc, era el momento de que hiciéramos nuestros conjuros mágicos para conocer nuestro destino y para llegar a saber los acontecimientos futuros que habrían de acaecer a su debido tiempo.

Ahora ha llegado la primera jornada de verano, y con ella la primera luna llena de Tauro, que es Beltane (y que se cele-

bra la última noche de abril). Hemos entonado grandes plegarias al Señor de los Animales y a la Hermosa Dama de las Flores, que han de otorgarnos grandes bendiciones en nuestras vidas.

Desde este momento hasta Samhain se extiende la época del Gran Sol, que brillará gloriosamente en nuestras almas, ya que en realidad Beltane quiere decir «fuego brillante». Así pues, hemos elevado un gran mástil de Mayo, fuerte y hermoso cual si fuera un árbol que se eleva hacia el cielo, y lo hemos adornado con lazos, flores y las más graciosas guirnaldas. Y reuniéndonos todos en torno de este florido mástil danzamos alegremente, entonando canciones festivas hasta bien entrada la noche. De igual modo adornamos nuestro ganado con hermosas guirnaldas de flores alegrando así los campos; colgamos también guirnaldas hechas con bayas de serbal en los postes que hay junto a las puertas de nuestras viviendas, y nos concedemos un tiempo para reflexionar sobre la naturaleza de nuestra propia fuerza y sobre la autenticidad de nuestros deseos. Pues es en esta época cuando el poderoso Lug, señor de la Luz y Rey del Cielo, surge poderoso para iniciar la conquista del mundo.

Y finalmente llega el tiempo de la cosecha, que nos es concedida por el gran Lug Lamfada, que cabalga su blanco corcel a través de los cielos. Llega entonces la Lugnasadah, la celebración de Lug, que tiene lugar en la primera luna llena de Leo (en la última noche de julio), tiempo también de que hagamos nuestros conjuros de buena fortuna y de

abundancia. De este modo honramos también a la diosa Macha, que recibe igualmente el nombre de Reina de la Paz, para que nos la otorgue a todos en tiempos de necesidad.

En la Lugnasadah se reúnen todas las tribus con sus caudillos al frente, y abandonando las armas establecen la paz, en medio de juegos, cánticos y carreras de carros tirados por caballos. En esta época del año todos somos conscientes de la palabra que hemos dado, los unos a los otros, y que hemos de cumplir en los tiempos venideros.

Verdaderamente estas cuatro festividades, Samhain, Imbolc, Beltane y Lugnasadah van marcando el paso del tiempo, de estación en estación; en ellas debemos honrar a nuestros Antiguos, que nos han precedido en este mundo. Así lo hemos visto al sembrar las semillas, y con los primeros brotes que aparecen cuando se alejan las nieves del invierno. Entonces los capullos del espino se abren en flor, los pájaros del verano surcan los azules cielos y la avena crece muellemente en los campos.

Y así es como ha sucedido siempre, desde los primeros tiempos a las épocas futuras, una luna sigue a la anterior, y la noche sigue al día. Y con la llegada de toda nueva estación hemos encendido los fuegos sagrados en lo más profundo de la noche, invocando a los Dioses para que repartan entre nosotros sus dones de buena fortuna.

De igual modo nos hemos atrevido a realizar los ritos de nuestra sagrada magia, honrando a los Antiguos y caminando la mística senda de aquellos que nos han precedido.

LOS CINCO ELEMENTOS

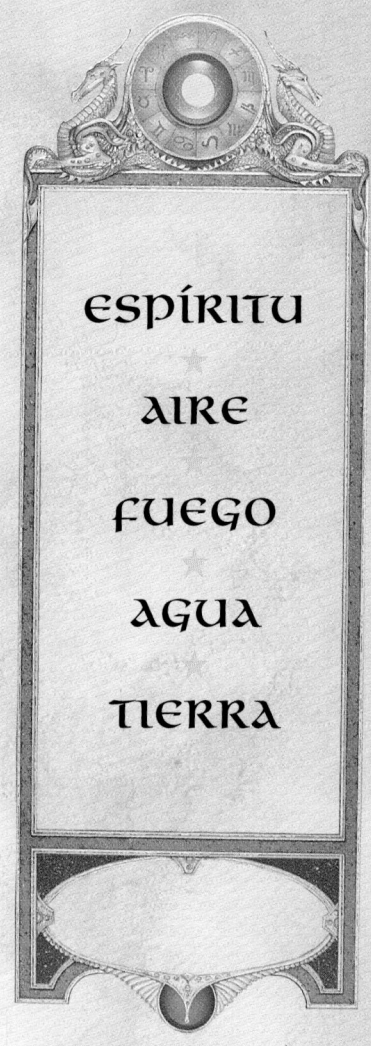

ESPÍRITU

AIRE

FUEGO

AGUA

TIERRA

De dónde surgió este mundo y cómo fue formado por los Antiguos Dioses, los Inmortales del Primer Tiempo, es un misterio que, seguramente, ningún humano puede imaginar. Pero hasta donde logramos saber, al utilizar el lenguaje de la Creación estos Dioses hicieron uso de los Cinco Elementos. Todos los seres que nos rodean, todas las criaturas que viven y respiran, todas las plantas que nos alimentan y nos curan, flores y hierbas silvestres, han sido creadas en distinto grado con la Tierra, el Agua, el Fuego y el Aire, y han estado sostenidas siempre por el Espíritu. De este modo fueron creadas todas las cosas y todos los seres, pues el Espíritu nos une a todos.

A través de la magia conjuramos los Elementos, evocando en nuestro favor las propiedades especiales de la fuerza vital, a fin de que podamos llevar a cabo nuestro aprendizaje y nuestro acceso a la luz. No obstante, existen caminos secretos del conocimiento, producto de las mentes de hombres cargados de vanidad y de arrogancia. Pues ha de recordarse que el camino de la magia es un sendero de conocimiento sagrado, de reverencia y de humildad, y que el mundo es un lugar maravilloso. Sin embargo, ¿cuántos de nosotros hemos sabido adentrarnos en tales profundidades?

Espíritu

En el Espíritu quedan revelados todos los Misterios; sin embargo, ¿quién puede hablar de estas cosas sagradas? Pues el Espíritu se encuentra más allá del Velo de la Niebla, más allá de la Danza de los Antiguos, más allá de los cantos de los Viejos Dioses, en la eterna Tierra de Todo Conocimiento.

Aunque el Espíritu es Aire, no es Aire
Es Fuego pero no es Fuego
Es Agua pero no es Agua
Es Tierra pero no es Tierra

El Espíritu es lo Sagrado, lo Santificado, lo Puro,
Lo Inexpresable
El Espíritu es un ser más allá de toda forma
El Espíritu nos unifica en las Islas de la Bendición.

Dentro del círculo mágico, el Espíritu nos rodea: por arriba, por abajo y por las Cuatro Direcciones. Ninguna gema se puede adscribir al Espíritu, porque es un Misterio que se encuentra más allá de los Misterios.

Aire

El Aire es el Aliento de Vida que el Padre Cielo ha insuflado en todos nosotros. El Aire fluye a través de todas las cosas, a través de los bosques, las colinas y los valles; a través de todos los mares del mundo, y sobre todos los lagos y desiertos. El aire permite el vuelo de los pájaros, da forma

En el sagrado mundo de la magia se encuentran los misterios a salvo y lejos de aquellos que los profanarían...

a las nubes, es el hogar del trueno y el heraldo de los tiempos cambiantes. Porque ¿quién no ha vislumbrado las sombras de los Dioses bailando en el crepúsculo, o escuchado su llamada a las tormentas de la noche?

El Aire establece su hogar en los Altos Cielos y, sin embargo, vuela libremente, como un regalo que todos compartimos. ¿Quién le ha visto llegar y, sin embargo, quién no ha sentido su presencia? Porque él se mueve entre nosotros como un visitante invisible, si bien nos otorga la vida y la fuerza necesarias para vivir. El Aire lleva los deseos de los Antiguos, para que floten en nuestro mundo como un gran don. El aire penetra en nuestros corazones, trayendo alegría, sabiduría y conocimiento a nuestras almas.

Y has de saber que quienes guardan el reino del Aire son las sílfides, puras criaturas de verdad y belleza cuyos modos no se encuentran contaminados todavía por las terrenales maneras de la humanidad. Pues son estos seres como joyas de luz, cuyas alas brillan en el temprano amanecer como cristalinas mariposas. Podemos verlas en danzas de luz sobre una hoja o un pétalo, quizá en sus moradas silvestres o en las espesas umbrías hasta donde pocos son los que se han aventurado.

El símbolo mágico del Aire es el venablo o la daga. Este pequeño cuchillo mágico suele tener una empuñadura de madera negra. Y en su hoja se hallan inscritos los nombres y los símbolos del Señor de los Animales y de la Hermosa Dama de las Flores, y de esta forma puedes honrarlos. Mientras haces tus conjuros mágicos en el Aire, la daga da forma a los Espíritus. De ese modo es cómo los Antiguos se mezclan entre nosotros.

Dentro del círculo mágico, el Aire viene del Este y sus sagradas gemas ceremoniales son el zafiro, el topacio azul, la azurita y el lapislázuli. el Rey del Aire es Lug.

Fuego

El Fuego procede del Sol, nuestro celeste padre, cuya radiación y calor a todos nos elevan. Cada día el Padre Sol enfrenta sus rayos de luz a las tenebrosas sombras de la noche, desvaneciendo las fuerzas de los reinos de la oscuridad y otorgando su esperanza al mundo.

Como caminantes que somos por la senda de la magia, también necesitamos alumbrar un fuego dentro de nosotros, un fuego de visión que haga despertar en nosotros la sabiduría profunda y la verdad. Como leños de un fuego de invierno, con sus chispas y vibrantes llamas que se alzan en el cielo de la noche, así también podemos ser nosotros el cuerpo de esta luz, ofreciéndonos a los Dioses como siervos de sus misterios y maravillas. Porque cuando transportamos también esta llama, nuestra luz —como la del Padre Sol— penetra en el mundo como un rayo de sabiduría, y nuestros corazones se colman de calidez.

En el sagrado mundo de la magia se encuentran los Misterios a salvo y lejos de todos aquellos que los profanarían, siendo el Fuego su guardián. Nadie puede penetrar en el reino interior del Fuego, a menos que antes no se haya ganado la lealtad y el profundo respeto de estos misteriosos y terribles guardianes, que fácilmente pueden desintegrar a los seres perezosos y poco entrenados en el discurrir por los caminos de la sabiduría. Los seres guardianes del Fuego son las salamandras, extrañas criaturas para la

... ¿quién no ha vislumbrado las sombras de los Dioses bailando en el crepúsculo...

vista. Pues la salamandra es como un lagarto, pero tiene el cuerpo de un gato y exhibe la cola de una serpiente. También posee garras en la punta de sus patas, y brillantes estrellas blasonan su piel. Esta singular criatura ama el Fuego —ya que se alimenta de él—, siendo de sangre tan fría que no puede ser consumida por las llamas que la rodean y la acarician. La salamandra ayuda a los herreros a la hora de forjar potentes espadas y armaduras, alimentando la fuerza de las llamas, a fin de que estas puedan fundir el hierro y cumplir convenientemente las necesidades del herrero. La salamandra es también una defensora tenaz y poderosa del Fuego, pues su dentellada es venenosa y toda ella produce temor. Solamente los más poderosos magos pueden mantener a raya a la salamandra, convirtiéndola en un aliado leal y no en un enemigo que obstaculice nuestra búsqueda.

El símbolo mágico del Fuego es la vara mística, que deberá ser cortada en pleno bosque de la rama fuerte y recta de un almendro, de un nogal o de cualquier otro árbol que dé frutos de esta índole. Corta esta rama de un solo tajo con una hoz o con un cuchillo afilado antes de que salga el sol, en la época del año en la que el árbol está a punto de florecer, ya que en ese momento el árbol está henchido de poder y de vida. Y si se diera el caso de que los nogales o almendros no fueran frecuentes en la región en la que vives, podrás sustituirlos por la recta rama de un roble de la que cortarás tu mágica vara.

Debes saber que la vara es un símbolo del miembro viril, y como falo que expele su semen de vida, deberás honrarla por su poder de regeneración. La vara mágica, al igual que el Gran Dios Cornudo que vierte su semilla en la Madre Tierra, posee la virtud de dar nuevamente vida a todas las cosas. Así es como el mago emplea esta vara, para dar salida y virtud a sus poderes místicos, llevando el dulce canto de la Creación al mundo que lo rodea.

Dentro del círculo mágico, el Fuego viene del Sur, y sus sagradas gemas ceremoniales son la citrina de cuarzo, el topacio amarillo y el ámbar. El Rey del Fuego es Belenos.

Agua

Las aguas de vida nos sanan y purifican nuestro ser. Sin la lluvia que cae de los cielos, las plantas que nos alimentan se ajarían y morirían; y sin las elevadoras aguas del Espíritu que fluyen en nuestra alma desde los tiempos de los Antiguos, con toda seguridad que perecerían también nuestros cuerpos.

Sabe que nuestros pensamientos y sentimientos son como las corrientes y los remansos que pueden encontrarse en los arroyos de las montañas, fluyendo libremente también en la mente y en el corazón de quienes nos rodean. Y puede suceder en algún momento que las aguas se mantengan tranquilas, con su superficie ligeramente rizada por el viento, y los rayos solares penetrándolas hasta sus profundidades. En esos momentos se apodera de nosotros una calma profunda, y nuestros pensamientos se llenan de serenidad y paz, siendo capaces en tales instantes de compartir dicha paz con los demás.

... en otras ocasiones crece una fuerza inmensa en el Agua que arrastra entonces todo cuanto encuentra a su paso...

En otras ocasiones —¿y quién puede adivinar el momento en que ello ocurra?— crece una fuerza inmensa en el Agua que arrastra entonces todo cuanto encuentra a su paso. Como las indómitas olas del océano que crecen y decrecen, como mares furiosos que se encrespan sobre las rocosas costas, el Agua lleva nuestros sentimientos y pensamientos hacia playas lejanas, trasportando nuestro amor, y también nuestra furia, a la vida de los demás. Así pues, hemos de prestar mucha atención a las mareas de nuestros sentimientos, que se alzan en nuestro interior y que fluyen con positivos efectos, a fin de que podamos enriquecer y confortar la vida de aquellos que conocemos y que nos son queridos.

Dentro del mundo sagrado de la magia se encuentran las Ondinas, ninfas del Agua que frecuentan ese lugar que se encuentra entre el mundo de las soleadas superficies y el reino de las cosas secretas e inexpresables que moran en las profundidades de todos nosotros. Las ondinas seducen a los hombres con sus encantamientos musicales, creando melodías dulces y enervantes con sus arpas, o bien cantando simplemente, con cánticos dedicados a cuantos se aventuran a pasar cerca de ellas. Del mismo modo nos sumergimos en las profundidades de nuestra conciencia, viajando todavía más lejos por la senda mística que conduce hacia el Espíritu.

El símbolo mágico del Agua es la Copa, que puede estar hecha de cristal o de plata. La copa es el receptáculo que

contiene los fluidos que en ella han sido vertidos. También nosotros podemos compararnos a vasijas de agua sagradas, recibiendo en lo profundo de nuestros corazones y de nuestras almas los plurales regalos con que nos obsequian los Antiguos.

Dentro del círculo mágico, el Agua viene del Oeste, y sus sagradas gemas ceremoniales son la amatista, la perla y la ortosa o piedra lunar. El Rey de las Aguas es Llyr.

Tierra

Como bien sabes, la Tierra nos ha sido concedida por los Dioses para ser nuestro dominio, por lo que debemos honrar el mundo de los árboles, de las flores, de las hierbas, los animales y otros seres vivientes, pues también ellos constituyen el regalo de los Antiguos. La Tierra es la que nos otorga la forma, al penetrar el Espíritu en el polvo. La Tierra nos alimenta con su abundancia, proporcionándonos vestidos con que cubrirnos y dándonos cobijo durante nuestras horas de sueño. ¿A quién debemos honrar como custodio de esta Tierra? Pues con toda certeza hemos de ofrecer nuestras alabanzas al poderoso Señor de los Animales, al que también se le conoce entre nosotros por Cernunno, e igualmente a la Hermosa Dama de las Flores que es su esposa y amante, al tiempo que Madre de todos cuantos hemos venido a este mundo.

Por tanto, hemos de recordar en lo más profundo de nuestros corazones que la Tierra es el lugar de descanso del Espíritu, y un santuario al que todos hemos de honrar. Dentro de sus entradas secretas, y guardadas por los Ocultos, encontraremos las primeras huellas que nos conducirán

Del mismo modo nos sumergimos en las profundidades
de nuestra conciencia...

hacia el Velo de la Niebla. La Tierra pertenece a este Mundo y al Otro, pues da hospedaje a los otros Elementos: al Aire que sopla sobre su superficie; al Fuego que arde en sus entrañas y que arroja sus llamas por la boca de ciertas montañas; al Agua que fluye por sus valles profundos, y al Espíritu que marca sobre su piel las rutas sagradas de nuestra búsqueda. La Tierra constituye nuestra morada hasta que pasemos hacia las sombras secretas del Otro Mundo; pero mientras vivamos en formas humanas hemos de venerar y respetar a la Tierra de la que procedemos.

Los protectores de la Tierra son los gnomos, que vagan en libertad por las oscuras grutas bajo nuestro suelo, guardando nuestras canteras y nuestros tesoros enterrados, y construyendo sus hogares bajo las raíces del Poderoso Roble y de otros árboles benditos. De vez en cuando, no hay duda de ello, estos gnomos se divierten con la vida de los humanos, causándoles algún inconveniente y gastándoles bromas. También con cierta frecuencia asustan a los niños con sus feos y arrugados rostros, o bien utilizan sus pequeños picos y palas para remover las semillas que hemos plantado en el suelo. Pero, pese a todas estas travesuras y jugarretas, los gnomos poseen una naturaleza buena y noble, y hacen regalos y tienen amables atenciones cuando surge la necesidad en nuestras vidas.

El símbolo mágico de la Tierra es el Pentáculo o Disco. Perfectamente redondo, y realizado con tus propias manos en piedra o madera, debe tener un tamaño que se adapte

completamente a la palma de tu mano, y en él se encuentre grabado el sagrado nombre mágico que te ha sido dado por los Antiguos. En la cara en la que figure tu nombre mágico has de grabar también una estrella de cinco puntas, ya que, como todos saben, esta es la representación de la humanidad, con sus correspondientes miembros y con sus brazos alzados hacia lo alto. Y en la otra cara del pentáculo graba una estrella de seis puntas, formada por la intersección de dos triángulos —uno hacia arriba y otro hacia abajo—, pues este es el símbolo de Todo lo Que Es.

Dentro del círculo mágico, la Tierra viene del Norte, y su sagrada gema ceremonial es el granate, en sus cuatro colores. El Rey de la Tierra es Cernunno.

La atención en la magia

La magia nos devuelve a la vida y nos ayuda a encontrar nuestro sitio en esta Tierra. Ciertamente, la magia nos presenta el sagrado y firme propósito que guardamos en lo profundo de nuestras almas. La magia puede llevarnos a un viaje hacia los reinos que se encuentran más allá del Velo de la Niebla, pero también puede proporcionarnos una gran fortaleza y sabiduría en nuestra vida diaria. Para ello hemos de esforzarnos en oír con mayor atención, en ver con una visión más intensa, en saborear con un gusto más agudo y en oler atentamente los aromas que se extienden a nuestro alrededor. Y, de igual modo, hemos de tocar con más precisión los placeres y los dolores que son frecuentes en este mundo.

El oído

Nuestro oído debe afinarse con todo cuanto surge en nuestro entorno, y que nos es concedido por el Espíritu. La Palabra Sagrada del Más Antiguo debe encontrar su eco a través de todas las estancias de la Creación, lanzando su llamada a cada hoja y a cada flor, a cada piedra y a cada montaña, a cada ser humano y a cada animal por igual. El Sagrado Nombre debe sostener todo cuanto existe, y nosotros

La magia nos devuelve a la vida...

hemos de desarrollar nuestro oído para poder escucharlo. Pues en el más bendito de todos los reinos existe una música exquisita —más hermosa que lo que nadie pueda imaginarse—, que puede llenar los cielos y purificar los mundos inferiores.

La vista

Nuestra vista, don precioso para todos, nos ha sido concedida a través del Fuego. Pues, como ya se ha dicho, el fuego del Padre Sol nos ha otorgado la luz, y a través de la luz podemos ver. Nuestra vista se extiende sobre el mundo de la Naturaleza, y así es como podemos regocijarnos al contemplar las formas diversas de cuanto se presenta ante nuestros ojos. Pero la vista también surge en nosotros como visión interna, recogiendo la luz y comprensión procedentes de la profundidad de nuestra alma.

El gusto

Nuestro sentido del gusto nos permite percibir la auténtica esencia de cuantas cosas existen en este mundo, constituyendo el regalo concedido por el Agua. Pues desde el primer día de nuestra existencia, al succionar el pecho de nuestra madre para extraer de él su leche, hemos aprendido a encontrar nuestro placer en las delicias sensuales que nos proporcionan los alimentos y el vino, y a gustar también el amor que existe en un tierno beso. A través del gusto percibimos tanto los sabores como los sentimientos.

El olfato

No hay duda de que nuestro sentido del olfato nos ha sido concedido por la Tierra. Tanto las dulces fragancias

como los olores perjudiciales de lo que se presenta ante nosotros nos hablan de su propia naturaleza, y de este modo podemos saber si hemos de sentirnos atraídos por su aroma dulce y gratificante, o hemos de mostrar nuestra repugnancia por su desagradable y tosco olor. Pues todos hemos podido comprobar que si bien el perro cazador sigue firmemente el rastro del olor de su presa, también el amante se deja seducir por el aroma de sus pasiones. Y los perfumes e inciensos más agradables son aquellos que nos conducen al Paraíso.

El tacto

Nuestro sentido del tacto nos pone en conexión con todo lo viviente y nos ha sido concedido por el Aire. Los Antiguos nos concedieron cuerpo para que pudiéramos sentir, pero también nos dieron pensamientos y emociones que nos encrespan. Y al igual que el soplo del viento que recorre el mundo nos proporciona vida, también la forma en que toquemos y sintamos es importante para nuestras humanas vidas en esta Tierra. Pues tanto podemos acariciar al otro con un suave toque de nuestros dedos sobre su piel, como tocar el alma de otra persona mediante el don de la ternura y de la amabilidad.

CÓMO PODEMOS CONOCER LOS ELEMENTOS

☙

A través de cada uno de estos Elementos podremos llegar a comprender el mundo de una manera que, seguramente, nos resultará nueva:

A través del Espíritu podremos llegar a habitar en la vastedad de Todo Lo que Es. Y en cuanto encaremos los Cielos, con nuestros ojos cerrados y los brazos elevados, podremos morar en el ser infinito que supera toda forma y en la sabiduría infinita de los Dioses Antiguos que han creado todas las cosas en el mundo que conocemos. Y entonces daremos gracias por habérsenos concedido la vida en este mundo, llenando nuestro corazón y nuestra alma con el pensamiento de que todas las cosas vivientes han sido bendecidas y unidas por el Espíritu de la Creación. Podremos entonces reflexionar sobre el misterio mágico de nuestras vidas.

☙

Gracias al Aire podremos reflexionar sobre el hálito del Más Anciano, que sostiene el Universo y otorga la vida.

Encarándonos hacia el Este, con nuestros ojos cerrados y abrazando con el alma el reino de lo maravilloso, volaremos hasta los más elevados planos, haciéndonos uno con el aire vibrante cuyas corrientes acarician, lejos allá abajo, las montañas, los océanos, los valles y las viviendas de los humanos. Después, dejaremos que nuestro aliento se eleve y tome la forma de poderosos vientos, de huracanes y tormentas. Y, después, al descender en calma, podremos divisar cómo se alzan ondulantes las nubes y cómo desaparecen también ante nuestra vista. Y entonces sentiremos cómo desciende y fluye nuestra respiración, y cómo penetra en nuestro corazón y en nuestra alma la sagrada fuerza vital que enriquece cada día de nuestra vida en este mundo.

Mediante el Fuego nos sintonizamos con la llama que arde en nuestra alma. Encarando el Sur, con los ojos cerrados y con el alma abrazando el reino de lo maravilloso, podremos observar cómo nuestro cuerpo envía luz y vida a todas partes. Después, observaremos reverentemente cómo una refulgente ascua que parte de nuestro brillante corazón se une a las llamas que se elevan de una hoguera nocturna, y cómo más tarde, todas juntas se alzan hacia los Cielos con ánimo exultante. Entonces nos uniremos a nuestro fuego interior, alimentando la llama interna y sosteniendo tiernamente el calor que se encuentra en nuestro espíritu. Ahora ya sabemos que podemos llevar esta llama a cualquier sitio que deseemos, iluminando nuestra voluntad mágica para conseguir el bien.

@

Mediante el Agua llegaremos a conocer los pensamientos y sentimientos más profundos que viven dentro de todos nosotros. Encarando el Oeste, con los ojos cerrados y con el alma abrazando el reino de lo maravilloso, nos veremos sacudidos por las olas del Primer Mar, el enfurecido y salvaje océano del que ha surgido todo cuanto es.

Y después, al interiorizar nuestros pensamientos, recordamos las corriente de vida que nos sostiene, la sangre que fluye por los canales de nuestro cuerpo y el latir de nuestro corazón en el pecho. Y ahora vemos cómo nos hemos convertido en un cáliz cristalino, abierto a los Cielos, y en el cual se recogen las aguas de la vida vertidas por los Antiguos.

@

A través de la Tierra podemos considerar la forma en que vivimos y moramos en este mundo. Encarando el Norte, con los ojos cerrados y con nuestra alma abrazando el reino de lo maravilloso, recordaremos algunas cosas de la vida: nuestro cuerpo con el que soportamos las alegrías y las tareas de nuestro trabajo, el alimento que nos nutre, los modos del nacimiento, de la juventud, la madurez y la vejez, y el inevitable caminar hacia el morir. Después podremos ver cómo nos hacemos uno con la rica y parda tierra, y cómo nos introducimos una vez más en el tronco del Roble Sagrado. O, tal vez, nos veamos como un espíritu de la Naturaleza dentro de los pétalos de una flor, o dentro de la belleza cristalina de una preciosa gema. Pues ahora nos he-

mos hecho uno con la misma Tierra. Y de nuestro cuerpo surgen los frutos y el grano de las cosechas; y nuestros ojos vierten lágrimas que riegan todas las cosechas; y de nuestro pecho brota miel que alimenta a todo lo viviente.

Y así es, a través de la magia, cómo veneramos todas las formas del conocimiento y del sentimiento, incorporando toda esta profunda sabiduría dentro de nuestra alma. Pues con nuestras místicas vestiduras, con nuestros instrumentos y ayudas mágicas respetamos los colores y las afinidades que han sido designadas por los Dioses y los espíritus, y a través de nuestros cánticos e invocaciones, que se alzan hacia los cielos, podemos hacer que los Antiguos habiten en nuestras almas. Hemos bebido en la fuente sagrada y quemado suave incienso de hierbas y flores a fin de saludar a los Dioses, y hemos sentido el toque del Espíritu sobre nuestra piel y en nuestros corazones.

Dentro del Círculo Mágico

@

Con frecuencia he realizado mis invocaciones mágicas en la noche de la oscura floresta, convocando a los Antiguos para que vinieran a mi presencia para cumplir mis conjuros, o bien para compartir conmigo su sabiduría y sus secretos. Y quisiera ahora hablarte un poco más de todo esto.

Has de encontrar por ti mismo un claro en el bosque, lejos del ojo perezoso de los humanos, un espacio en el que los nobles Robles se eleven hacia los cielos. Busca también un lugar por el que fluya un arroyo saltarín, pues aquí es donde se recrean los espíritus de la umbría.

Ven a este lugar con ropa que tenga el color de la tierra y que la utilices exclusivamente para esta ocasión; ata una cuerda o cordón alrededor de tu cintura, a fin de que puedas tener tu espada mágica a mano. Trae también tu vara mágica y todos los instrumentos místicos que puedan convenir a tu búsqueda mágica, y que seguidamente habré de describirte.

Tomando tu vara de madera en la mano, haz con ella un círculo en la tierra que tenga unos nueve pasos de diámetro, y marca este surco que has hecho en el suelo con sal o con tiza para que sus límites queden bien definidos.

Con frecuencia he realizado mis invocaciones mágicas en la noche de la oscura floresta...

Y cuando llegue el momento de hacer tus ritos mágicos enciende una vela o una linterna en cada uno de estos puntos: Este, Sur, Oeste y Norte, pues ellos son los Cuatro Elementos. Construye también un pequeño altar y ponlo en el punto Norte, dentro del círculo, colocando en él todos tus instrumentos mágicos: tu venablo, tu vara, tu copa y tu pentáculo.

Y en los límites de tu anillo mágico coloca, al Este, un cuenco lleno de hierbas aromáticas que a su debido tiempo quemarás, a fin de que su grato aroma constituya un símbolo del Aire. Colocarás en el punto Sur del círculo una linterna o una vela, como símbolo del Fuego. También, y de la misma forma, colocarás un recipiente con Agua en el punto Oeste y otro recipiente con Tierra en el punto Norte. Si lo deseas, puedes colocar también en el centro del anillo mágico un caldero de metal, con hierbas y plantas aromáticas recogidas en el sagrado bosque, que puedes ofrecer quemándolas, para que su luz y su vida propicien buenos resultados. Después, y a fin de que puedas dotar de vida a tu círculo mágico, corre y danza dentro de él, siempre en el sentido de la marcha de las agujas del reloj, colocando la punta de tu cuchillo mágico hacia el borde del círculo. Notarás cómo surge un anillo de luz ante ti, mientras danzas. Y a medida que saltes y pongas la planta de tus pies sobre la tierra, los Dioses y los espíritus sabrán también que tú estás procurando encontrarte entre ellos.

Ahora sitúate hacia el Este, dentro del círculo mágico, y con tu vara mágica haz el signo de la estrella de cinco puntas en el cielo. Y después ve haciéndolo también en los otros puntos, al Sur, al Oeste y al Norte, antes de regresar,

una vez más, al punto del Este. Ahora, tomando el cuenco en el que has quemado las hierbas olorosas, y que tenías colocado sobre el suelo, elévalo hacia el cielo invocando a los espíritus guardianes, de este modo: «Señor del Aire, te exhorto con todo el Poder de los Antiguos para que presencies este rito y protejas este dominio...». Y yendo hacia el punto Sur, elevarás la linterna que habías situado en el suelo, y alzándola hacia el cielo, como si se tratase de una luz sagrada, dirás: «Señor del Fuego, te exhorto con todo el poder de los Antiguos para que presencies este rito y protejas este dominio...» Y lo mismo harás con el Señor del Agua, al Oeste, y después con el Señor de la Tierra, al Norte. Después, cierra el círculo al Este y pronuncia una frase de bendición para que quede sellado el anillo mágico. De este modo habrás convertido tu círculo mágico en un lugar sagrado, dentro de la gruta de los Robles, y ya podrás realizar tu propósito mágico, sabiendo con toda certeza, tanto en tu mente como en tu corazón, que los Antiguos te protegerán con toda su virtud y fuerza, a fin de que lleves a cabo tu mística empresa.

Y de este modo puede acontecer que hayas logrado convocar a Cernunno, Señor de los Animales, o al poderoso Lugh, el Resplandeciente, que marcha a la guerra montado en su blanca cabalgadura. O al poderoso Dagda, Señor de la Vida y de la Muerte. Así pues, colócate en el centro de tu círculo mágico e invoca con potente voz a los cielos, preservando cuidadosamente en tu corazón a los Antiguos Guardianes, y solicitando que aparezcan ante ti en esta tierra sagrada, que has preparado con hierbas especiales y maderas sagradas para honrarlos debidamente. Y si les has

... y los encantamientos de los antiguos poderes se desplegarán annte ti...

ofrecido las hierbas y plantas que son de su agrado, y si has invocado sus nombres mágicos, entonando esos nombres con voz fuerte y sincera en el ciclo de la Luna adecuado para tales invocaciones, entonces ellos se te aparecerán dentro de ese círculo mágico. Y entonces ciertamente que te harás uno con ellos, pues los habrás introducido en tu propia alma. De este modo habrás obtenido el conocimiento sagrado de los Antiguos, y este conocimiento ya formará parte de ti; y todos los secretos y encantamientos de los antiguos poderes se desplegarán ante ti, tanto en tus visiones como en tus sueños. Y caminarás con los Dioses, y serás igual que ellos en todos tus pensamientos y acciones, y en todo cuanto hagas, desde este momento en adelante.

La magia del encantamiento

REFERENTE AL ALFABETO DE LOS ÁRBOLES

He de hablarte ahora del alfabeto místico de los árboles, que fue conocido por los bardos desde los tiempos más remotos, y que constituye el lenguaje de la profecía y de la verdad. Durante mucho tiempo fue el lenguaje secreto de los poetas y de los sabios, ya que con toda certeza constituye un lenguaje de encantamiento que enriquece y guía el alma. Pues, gracias a sus lecciones, los árboles del bosque se hacen como dioses y espíritus de las antiguas tierras, y de este modo también nosotros podemos llegar a conocer el sagrado lenguaje de la Tierra.

Y sucedió que tuvieron que pasar muchos años antes de que Elathan, entonces rey de toda Irlanda, tuviera tres hijos, uno de los cuales fue Ogma. Y este Ogma fue muy hábil y versado en los asuntos poéticos, por lo que logró establecer este Alfabeto de los Árboles como un lenguaje que habría de ser el patrimonio de quienes conocieran los místicos y sagrados modos. Y Ogma hizo participar de su sabiduría a los bardos de esta y de otras tierras. Pues hasta la época de Ogma no se habían escrito poemas, versos o sabias leyendas, sino que habían ido trasmitiéndose estas verdades y conocimientos de boca a oído entre quienes conocían tales asuntos. Y fue Ogma quien nos proporcionó

Pues, gracias a sus lecciones, los árboles del bosque se hacen
como dioses y espíritus de las antiguas tierras...

los medios para escribir y poder conservar dichos conocimientos.

Se llegó, pues, Ogma al Roble sagrado y escribió en su corteza las siete vocales que conocemos; y lo hizo de este modo: grabándolas profundamente con su cuchillo, mediante cortes transversales hechos sobre una línea que previamente había establecido en la madera. De este modo creó en la corteza del Roble las siete letras del Alfabeto.

Creó después otras letras que pertenecen a distintos árboles. Así pues, modeló la letra B en el árbol Beith, al que nosotros conocemos como Abedul (birch), y la L en el árbol Luis, que es nuestro sagrado Serbal, o Fresno de monte; y la D surgió del Duir, el Roble del Destino, y la N de Nuin, que es el Fresno con el que hacemos nuestras lanzas. La C procede de Coll, que es el avellano de los bosques; y la F de Fearn que es el Aliso, que empleamos para hacer nuestros escudos. De este modo continuó hasta que realizó veinte oghams, y después otros cinco más; y así quedó conformado el alfabeto secreto de los árboles. Y todas estas letras las realizó Ogma haciendo cortes en el árbol, con marcas que realizaba sobre la línea inscrita; y otras marcas hizo también bajo esa misma línea, unas en ángulo y otras cinco con marcas que luego te mostraré.

Más tarde los bardos asignaron colores a estas letras, a fin de proteger la Sabiduría de los Antiguos. Para ello estos mismos bardos fabricaron tintes con las bayas, la corteza y las semillas de los propios árboles. Y de este modo, por los colores de sus mantos que habían sido teñidos con los jugos de esos árboles, los bardos reconocían el rango y el símbolo que los distinguía a unos de otros. Así pues, entre los Árbo-

les Capitales se encuentran el Roble y el Avellano, el Fresno, el Tejo y el Abeto. Después vienen los Árboles Comunes, entre los que se encuentran el Aliso, el Sauce, el Abedul y el Olmo. Y hay también árboles a los que llamamos arbustos, entre los que se deben incluir al endrino, el saúco, el bonetero y la madreselva. También hay plantas, como el brezo, la urce y el enebro, también llamado aulaga. El color místico que se le ha asignado al Roble es el castaño oscuro; el color del Fresno es verde mar, y el del Tejo es rojo-tierra. Y como su nombre sugiere, al Avellano se le conoce como naranja-castaño, el Abeto es gris y el enebro tiene el color de la arena. De este modo hemos llegado a conocer el color secreto que ha sido asignado a cada árbol en su Alfabeto.

También los metales se han vinculado a las vocales, de forma que la A es conocida como plata, la E como estaño, la I como hierro y plomo, la O como oro y la U como cobre. También ciertos árboles se encuentran regidos por los signos que realizan su camino por los espacios celestes; así pues, la L es la letra de Virgo; la F, de Leo, y la S de Aries. De igual modo, algunos pájaros se encuentran unidos al Alfabeto de los Árboles, de forma que la L pertenece al pato, la S se convierte en el halcón y la T se vincula al estornino. Estas son cosas que yo he querido mostrarte en este Libro de Magia, secretos que se guardan en él.

El alfabeto oghámico y sus signos

Ogham	Letra	Nombre irlandés	Nombre árbol
	B	Beith	Abedul
	L	Luis	Serbal
	F, V	Fearn	Aliso
	S	Saille	Sauce
	N	Nuin	Fresno
	H	Huathe	Endrino
	D	Duir	Roble
	T	Tinne	Acebo
	C, K	Coll	Avellano
	Q	Quert	Manzano silvestre
	M	Muinn	Vid o zarza
	G	Gort	Hiedra
	NG	Ngetal	Brezo, junípero
	STR/SS/ST/Z	Straif	Endrino, Ciruelo silvestre
	R	Ruis	Aliso
	A	Ailm	Pino, abeto
	O	Onn	Enebro/aulaga
	U	Ur	Urce
	E	Edhadh	Álamo
	I, J, Y	Ido	Tejo
	EA, CH	Ebhadh	Álamo
	OI, TH	Oir	Bonetero
	UI/P	Uileand	Madreselva
	IO/IA	Iphin	Grosellero
	AE	Phagos	Haya

Color	Signo	Pájaro
Blanco	—	Faisán
Gris oscuro	Virgo	Pato
Carmesí	Leo	Gaviota
Amarillo/Rosa	Aries	Halcón
Azul/verde	Acuario	Agachadiza
Negro	Libra	Cuervo
Castaño oscuro	Escorpio	Reyezuelo
Escarlata	Cáncer	Estornino
Naranja-castaño	Tauro	Grulla
Verde manzana	—	—
Púrpura	Sagitario	Paro
Azul/Azul claro	Capricornio	Cisne mudo
Amarillo claro/verde	Piscis	Ganso
Naranja/Rojo	—	—
Rojo	Géminis	Grajo
Gris		
Oro, arena		
Verde claro		
Amarillo claro		
Rojo tierra		
Verde		
Rojo		
Rojo gama		
Gris blancuzco		
Negro, Blanco		

La adivinación con los oghams

Debo decirte ahora cómo deben usarse estos oghams para conjurar futuros acontecimientos, poniendo ante ti lo que ha de suceder. Pues de este modo te volverás persona avisada y hábil en los místicos usos de la profecía.

Deberás ir ahora a lo más profundo del bosque para recoger allí rectas ramas de Roble, ya que se conoce al Roble como el Señor de los Árboles, que engloba a todos los demás. Y cortarás de esas ramas pequeñas astillas de madera que alisarás por una de sus caras, de forma que puedas inscribir en ella una sola letra del Alfabeto de los Árboles, y así lo harás con el resto.

Y cuando llegue el momento en que hayas de adivinar lo que va a suceder, intérnate en un lugar tranquilo, bien sea en una habitación privada o en tu secreto círculo en el bosque, y echa entonces sobre el suelo tus veinticinco astillas oghámicas. Después, con los ojos cerrados, recogerás del suelo siete de esas astillas sujetándolas con ambas manos. Deberás hacerlo mientras vas conformando en tu mente esa pregunta que deseas formular, la cual pertenece a tiempos y lugares futuros, ya que los oghams te habrán de dar la respuesta a dichos asuntos. Arroja ahora al suelo, de-

lante de ti, esas siete astillas. Ten en cuenta que aquellas que queden más cerca de ti te hablarán del presente, y las que se encuentren más alejadas de tu alcance te hablarán de asuntos y de momentos que pertenecen al futuro y que, por tanto, no han sucedido todavía. Las astillas que se crucen o que se toquen con otras tendrán una clara y firme conexión las unas con las otras, al igual que sucederá con sus correspondientes significados. Y cuando mires las astillas y veas las letras místicas que se encuentran inscritas, podrás conocer el significado del oráculo que has consultado. Porque yo he escrito para ti en este Libro de Magia los significados correspondientes, a fin de que puedan servirte de guía y de conocimiento en este mundo. Y la forma en que habrán de producirse los asuntos futuros.

El significado de los oghams en la adivinación

B	Beith	Habrá nuevos comienzos, pues ahora vas a cambiar tus maneras.
L	Luis	Deberás buscar protección contra el control que otros ejercen sobre ti.
F, V	Fearn	Necesitas guía para poder tomar tus propias decisiones en el camino místico.
S	Saille	Vas a conseguir el equilibrio en tu vida.
N	Nuin	Te encuentras firmemente unido a algo que seguramente sucederá.
H	Huathe	Retrocederás durante algún tiempo.
D	Duir	Consigues mucha fuerza y dejas de sentir miedo.
T	Tinne	Reúnes el coraje suficiente para poder enfrentarte a los problemas que se te presentarán.
C, K	Coll	Conseguirás poder y visión en tu trabajo.
Q	Quert	Has de hacer una elección de gran importancia.
M	Muinn	Busca la quietud en tu interior para que tu alma se haga más fuerte.

G	Gort	Pregunta a tu alma, para no tomar el camino equivocado.
NG	Ngetal	Se te presentarán sufrimientos y trastornos.
STR, Z	Straif	No quieres ver la verdad que se presenta ante ti.
R	Ruis	Has llegado al término de aquello que te concernía.
A	Ailm	Sé muy cuidadoso con las decisiones que hayas de tomar.
O	Onn	Algo ha surgido en tu vida que la conducirá por un camino nuevo y diferente.
U	Ur	A tu vida llegará la curación espiritual.
E	Edhadh	Muchas dudas y temores te acosarán pronto.
I, J, Y	Ido	Tu vida tomará un nuevo giro.
EA, CH	Ebhadh	Ahora podrás superar las falsas ideas que has mantenido del pasado.
OI, TH	Oir	Concluye ahora tu trabajo, antes de que se te presenten otros nuevos.
UI, P	Uileand	Ahora habrás de actuar con el debido cuidado.
IO, IA	Iphin	Pronto llegarán noticias a tu vida.
AE	Phagos	Con seguridad que pronto viajarás lejos.

OTROS MEDIOS A TRAVÉS DE LOS CUALES LLEGARÁS A CONOCER EL FUTURO

También es cierto que podemos adivinar lo que encierra el futuro a través de otros medios. Con frecuencia he llegado hasta las aguas de alguna secreta y suave corriente, y gracias a mis artes y destreza he cogido de las aguas un hermoso y noble salmón, criatura que en verdad encierra unidas en sí una sabiduría sagrada y un oculto conocimiento. E introduciéndolo en un cubo lleno de agua del río he traído a este delicado y noble pez para santificarlo dentro del círculo mágico, ofreciendo mis plegarias de agradecimiento a los Antiguos que vigilan los Cuatro Rincones. Y tras ofrecer el espíritu de este noble pez al Dios del Agua y a todos sus coperos, comí su carne dentro de círculo sagrado a fin de participar de su sabiduría y de su conocimiento.

Porque mediante este rito nos será posible recordar el Manantial Sagrado de Segais, que constituye para todos una fuente de Gran Sabiduría. Nueve avellanos crecen junto a ese manantial sagrado, y se dice que todos los años estos avellanos florecen y, a su debido tiempo, dejan caer

... también es cierto que podemos adivinar lo que encierra el futuro a través de otros medios...

en la fuente sus avellanas mágicas. Y es entonces cuando el noble salmón viene a alimentarse de estos frutos caídos en el agua.

Y una vez que hayamos participado de la carne del noble salmón dentro del círculo mágico, y tras haber ofrecido nuestra plegaria al Dios de los Cuatro Rincones, podremos preguntar sobre las cosas que hayan de suceder, puesto que gracias a la carne que hemos comido de este salmón místico se nos ha concedido para el futuro la sabiduría y el conocimiento; ya que has de saber que tal conocimiento nos llega desde los reinos del Otro Mundo.

También aprendí otra forma de profetizar. Pues a través de las nubes que corren por el cielo se puede llegar a saber aquello que habrá de suceder en el futuro. Para ello habrás de esperar hasta que llegue la Luna Llena y que sea también un tiempo en el que coincidan en el cielo numerosas y grandes nubes. Entonces, en el momento en que el Padre Sol se va ocultando en el horizonte y las nubes se van coloreando con tonos de fuego, en esas horas primeras de la noche en que nuestra bella Señora de la Luna se va alzando también para mostrar su brillante rostro al mundo, tomarás un pequeño plato y lo llevarás hasta donde se encuentran las mansas aguas del arroyo. Una vez que hayas llegado allí, llenarás el platillo con esa agua y con todo cuidado la transportarás hasta el místico y secreto lugar que tienes en el bosque.

Allí, dentro ya del círculo mágico, y una vez que hayas realizado tus ofrendas a los Antiguos de los Cuatro Rincones y a nuestra Señora de la Luna, colocarás ese plato lleno de agua sobre la tierra sagrada. Y cuando con serena resolución fijes tu mirada en las aguas del plato, podrás observar el paso de las brillantes nubes sobre el espejo de las aguas. Haz entonces tus preguntas sobre el futuro e invoca a los Antiguos del Otro Mundo para que concedan una respuesta cierta a las necesidades de tu alma.

Aparta ahora a un lado con suavidad el cuenco del agua y tiéndete de espaldas sobre la tierra, dentro del círculo mágico, mirando la resplandenciente Luna que brilla en lo alto del cielo. Y al tiempo que a tus espaldas las nubes van apagando sus fulgores con la puesta del sol, la Luna irá dotando de nuevas y resplandecientes formas a las nubes que se encuentran ante ti, mientras el rostro de los que te son conocidos y de aquellos otros que te son desconocidos irán surgiendo ante tu mirada. Y en ese momento Nuestra Señora de la Luna dará respuesta a tus preguntas. Pues ella es quien nos regala su sabia luz y comparte sus secretos con nosotros en la oscuridad de la noche.

INVOCANDO AL SER AMADO

Ciertamente has de saber en tu fuero interno que para atraer al ser amado es necesario que, ante todo, sientas en ti ese deseo de amar. Entonces, y gracias a tu magia, podrás enviar ese anhelo de amor por el mundo, a fin de encontrar al amante que habrá de recoger el deseo de tu corazón.

Para este encantamiento escoge el ciclo de la Luna Llena o Creciente, pues es precisamente en ese tiempo cuando los poderes mágicos otorgan sus más preciados dones. Ya situado en tu lugar íntimo y santificado, que bien puede encontrarse en una gruta secreta en el bosque de Robles, o en un rincón apacible y retirado de tus habitaciones, habrás de trazar, en primer término, el círculo mágico de la forma en que yo te lo enseñé, inscribiéndolo en el suelo o formándolo sobre tu piso de madera con piedrecillas especiales, que habrás recogido para tal propósito de las orillas de un río o del lecho de un arroyo de montaña. Pues has de saber que el amor es como un río cuyos remansos se van formando a medida que desciende de la montaña, y que terminan haciendo firmes riberas para encerrar las corrientes acuosas entre sus amorosos brazos. Pues así es cómo se halla regida por el Agua la magia del amor; y con seguridad que tu lograrás dar satisfacción a los anhelos de tu corazón obrando del siguiente modo:

... ante todo, has de sentir dentro ti ese deseo de amar...

Para este ritual habrás de llevar solamente aquella ropa que pueda atraer a tu amante, y hasta es posible que no lleves puesta ropa alguna, sino que te encuentres «ataviado de cielo», como así lo llamaban los Antiguos. Sitúate en tu espacio sagrado con todos los intrumentos de magia —tu venablo, tu vara, tu copa y tu pentáculo—, y lleva también un cáliz o un cuenco de cristal lleno hasta el borde de agua limpia de manantial. Trae también contigo unas rosas rojas, pues son estas las flores del amor. Pero ten sumo cuidado de limpiarlas de las pequeñas espinas que se encuentran en su tallo, cosa que habrás de hacer antes de penetrar en tu círculo mágico, pues es muy posible que el pinchazo de una espina aleje tus pensamientos de tu búsqueda mágica.

Una vez que hayas penetrado en tu círculo mágico, habrás de honrar las Cuatro Direcciones, haciendo en cada una de ellas las ofrendas a los Santos. Coloca ahora tu venablo de metal en el punto correspondiente al Este, el dominio del Aire, pues a este rincón pertenece la Luna creciente. En el Sur, dominio del Fuego, coloca tu mágica vara de madera, y en el punto del Oeste, el dominio del Agua, coloca un pequeño cuenco de agua cristalina. Por último, puedes colocar un pentáculo de metal en el punto correspondiente al Norte, para honrar a la Tierra. Coloca sobre tu pequeño altar un platillo con sal, el cáliz especial de tu magia de amor y, si así lo deseas, coloca también un pequeño plato para quemar algo de incienso. También puedes poner aquí alguna gema mágica que hayas escogido para esta ocasión.

Ahora vas a construir la magia del círculo danzando amorosamente en los Cuatro Rincones. Comenzarás por el Este, y apretando una rosa contra el corazón, dirás las siguientes palabras:

Toco el amor *(y siento la delicia de la lustrosa textura que se encuentra en los pétalos)*

Mientras vas danzando con movimientos giratorios y libres, llegarás al punto que corresponde al Sur; allí, sujetando firmemente la rosa contra el corazón, dirás:

Veo cómo llega el amor *(y siento la delicia de la lustrosa textura que se encuentra en los pétalos)*

Danzando con mayor intensidad todavía alrededor de tu círculo mágico llegarás al punto que corresponde al Oeste; allí, con la rosa bien apretada contra el corazón, dirás:

Saboreo el amor *(besarás los pétalos de la rosa)*

Ahora irás danzando hacia el punto Norte y allí, llevando la rosa hasta tu rostro, dirás:

Huelo el dulce aroma del amor *(pues ahora bebes el hermoso aroma de la rosa)*

Llegando ahora al centro del círculo mágico, y centrándote profundamente en el objetivo de tu amor, dirás las siguientes palabras:

El amor está ante mí
El amor está detrás de mí
El amor está a mi lado
El amor está encima de mí
El amor está debajo de mí
El amor está dentro de mí

Ahora ha llegado el momento clave de tu encantamiento, en el que invocarás ante ti la forma exacta del amante que tu corazón desea:

Toma, pues, ahora el cáliz en tus manos y, encarándote al Este, fija tu mirada en el agua cristalina. Porque has de saber que esta vasija de agua se ha convertido en un espejo de tu alma y del mundo.

Mira intensamente en el agua, y mientras alientas larga y sinceramente el objetivo de tu corazón, pide a la Señora de las Aguas que te guíe en tu propósito. En poco tiempo surgirá de la superficie de la vasija una niebla que se irá elevando y te envolverá, llenando tu corazón y tu alma con tal encantamiento. Ahora, y debido al poder generado por tu intención mágica, sucederá que el amante que más deseas se aparecerá ante ti, pues tú has conjurado a esa persona con los ojos de tu corazón. Advierte también que la estás abrazando, al cogerla entre tus brazos. Y ve de igual modo cómo ante ti se presenta el mundo en el que ambos habréis de vivir. Guarda ahora profundamente en lo más íntimo de tu ser estos pensamientos y estos sentimientos, y haz el conjuro para que todo ello se haga de acuerdo con tus deseos. Después relájate y descansa plácidamente, aposentándote en ese amor que has evocado, y, después, en su debido momento, abandona el círculo mágico del modo que ya te he indicado.

Al haber actuado de este modo, por medio de la magia, el amor que constituye el deseo de tu corazón encontrará el camino para entrar en tu vida. Así fue, como bien es sabido, cómo conjuré yo a la dulce y amorosa Viviana para que entrase en mi corazón y en mi alma; y del mismo modo, gracias a las leyes del encantamiento mágico, pude reunirme con ella para llevar a cabo el acto amoroso en la mistérica espesura del Bosque de Brocelandia.

... pide a la Señora de las Aguas que te guíe en tu propósito...

CÓMO ASEGURAR TU AMOR CON LA MAGIA DE LAS VELAS

Una vez que de este modo hayas conseguido obtener a tu amante, albergándolo ahora en tu corazón, y sosteniendo y amparando este amor en tu vida, has de tener sumo cuidado para seguir manteniéndolo firme y sincero:

Para ello coge una hermosa manzana que se encuentre en perfecto estado y compártela con tu amante, mordiéndola ambos por turno. Toma del corazón de la manzana nueve semillas, guárdalas en una bolsita y duerme con esa bolsa colocándola bajo tu almohada durante las tres primeras noches de la luna creciente. Y si logras que tu sueño sea pacífico y armonioso, sin ensoñaciones angustiosas que puedan surgir de tu alma, entonces podrás seguir operando con este tipo de magia.

Busca durante las horas diurnas una vela y colócala en un delicado candelero. Ten presente que tanto el color como la forma de esa vela han de resultar agradables a la vista, pues constituye la auténtica esencia de tu amor.

En la sexta noche de la luna creciente, recoge las semillas de manzana que has guardado en la bolsita, la vela con su candelero, una pequeña cantidad de aceite vegetal, un puñado de hojas que has recogido cuidadosamente de un abedul y dos pequeñas sartenes. Asegúrate de encontrarte solo, pues nadie ha de entrar en tu cámara mientras te halles trabajando en ella.

Toma ahora un poco de agua y colocándola en la sartencilla aguarda hasta que esté debidamente caliente. Coloca entonces la base de la vela en ese agua caliente, hasta que la

cera se haya ablandado lo suficiente para que pueda recibir en ella la punta afilada de una de las semillas de manzana. Entonces ve introduciendo en la blanda cera, una por una, las nueve semillas de manzana, hasta que todas ellas se encuentren firmemente incrustadas. Si la habitación en la que te encuentras es fría, preocúpate de que la vela siga dentro del agua caliente, a fin de que la cera se halle lo suficientemente blanda y pueda recibir las semillas. Una vez que la base de la vela se haya ablandado, podrás permitir que se vaya enfriando.

Ahora has de sumergir las hojas de álamo en el aceite que previamente has calentado de forma suave en la segunda de las sartencillas, dejándolas que floten en él. Toma entonces la vela, a la que habrás de sacar de su candelero y humedécela del siguiente modo: impregnarás tu dedo índice del aceite en el que has vertido las hojas de álamo, y con suaves movimientos irás empapando la vela, desde su punta hasta su base, de forma que toda su superficie quede suavemente impregnada. Ahora ya podrás poner de nuevo la vela en su soporte, guardándola en un armario o en una alacena. Deberás asegurarte de que se mantiene enhiesta y que se halla en un lugar oscuro.

Has de saber que esa vela podrá ser encendida cuando las necesidades de la ocasión así lo requieran. Pues si tu amante tiene que enfrentarse a alguna situación peligrosa, o ha de emprender un largo viaje, o bien se encuentra sometido a crisis de angustia o ansiedad, esa vela habrá de serte muy útil. Ella constituirá una salvaguardia y un consuelo para tu amor. Ten cuidado de no permitir jamás que otra persona encienda esa vela, una vez que se ha convertido en símbolo de la unión con tu amor. Y si tal cosa ocurriera por accidente, date prisa en quemar las nueve semillas de manzana y preparar una nueva vela.

CONOCIMIENTO SUPERIOR DE LA MAGIA DE LAS VELAS

Permite ahora que te instruya más profundamente en los poderes que alberga la magia de las velas, pues con seguridad ello constituirá una magnífica ayuda en tu senda mística. Pues has de saber que la vela, por medio de su llama, abraza cuanto de valioso y sincero se encierra en tu corazón. Y cuando la llama de la vela se eleve hacia el cielo, no tendrás por qué ocultar a los Antiguos tus verdaderos deseos, pues ellos nos vigilan constantemente en el paso de las horas y de los días. La llama de la vela nos guía en el camino que hemos de recorrer, alejando de nosotros las oscuras sombras. El color de la vela que hemos escogido para nuestro propósito mágico constituye la señal de nuestra sincera intención, pues en este mundo hay velas aptas para todas las empresas místicas.

E intenta recordar este ritual mágico, ya que ha de proporcionarte buena fortuna: siéntate dentro de tu círculo mágico y deja que tu alma emprenda libre vuelo entre la flamante llama de la vela que has encendido. Cuando tu alma quede llena con esa luz, podrás convertirte en esa misma vela, en un rayo de luz pleno de sabiduría y sinceridad. Coge ahora un pedazo de pergamino e inscribe en él tu conjuro mágico. Léelo después tres veces, y finalmente

deja que ese pergamino lo consuma la llama. Pronuncia entontes estas palabras:

> En tus dominios, Gran Dana, realizo este conjuro.
> Haz que lleguen a mí tus ricos dones, a fin de que puedan ayudarme en mi empresa.
> Por toda la fortaleza de la Luna y del Sol.
> Por toda la fortaleza del Roble Sagrado.
> Por toda la fortaleza de la Gran Diosa, la Hermosa Dama de las Flores y su amante el Dios Cornudo, Señor de los Animales...
> Que este conjunto se manifieste en mi favor.

Has de saber que a fin de que tu vida se vea enriquecida, ya sea con abundancia, con buena salud o con afortunadas empresas, has de pronunciar este conjuro, quemando el pergamino, durante la Luna creciente, y todavía conseguirás mejores resultados si lo haces durante la Luna llena. Si quisieras obtener el efecto contrario, o librarte de alguna enfermedad que haya podido acontecerte, habrás de hacer este conjuro mágico en los días de la Luna menguante; y para conseguir mejores resultados, en la Luna Nueva, cuando la Dama de la Noche se oculta en su oscuridad.

Entonces te llenará de consuelo el pronunciar estas palabras:

> Vela de poder, vela de fuerza.
> Concédeme mi deseo en esta noche.
> Que llegue el poder de la llama encendida.
> Y me traiga el anhelo de mi corazón.
> Mis palabras son fuertes, mi causa está ganada.
> Ahora declaro que el conjuro está realizado.

He aquí diversos tipos de velas coloreadas que puedes conseguir para tus propósitos mágicos:

BLANCO: Este color pertenece a todo cuanto es puro en el espíritu y en las rectas direcciones que has de seguir en tu vida.

NEGRO: Este color ha de ser usado para someter las fuerzas oscuras que puedan asaltarte. También sirve para invertir o liberarte de aquello que te ha apresado.

ROJO: Este color está lleno de la energía vital que te ha sido concedida por los Ancianos y te proporcionará poder, fuerza y buena salud.

ROSA: Este color es el color del amor que une a dos personas, y también puede servir para sanar tu espíritu.

AMARILLO: Este color refleja el poder de tu mente para obrar razonablemente, y para poder proseguir así hacia un mundo dotado de fuerza y de visión.

NARANJA: Este es el color que simboliza el poder de atracción de las cosas y también la capacidad de cambiar la suerte adversa por la buena fortuna.

VERDE: Al igual que el color de la hierba recién surgida en primavera, este color significa el nuevo germen, la abundancia y el éxito en tu vida.

AZUL: Este color atrae el poder de la verdad y la sabiduría en el camino místico. También puede servirte muy bien para atraer la buena salud y la paz a tu vida.

púrpura: Este es el color que habrás de emplear para invocar las visiones más nobles y para que ellas se alberguen en tu alma. De este modo los Dioses y espíritus vendrán a ti para concederte sus dones de gracia y para alejar de ti los demonios que puedan engañarte.

castaño: Este color simboliza buena fortuna en lo tocante a la riqueza que hayas de tener en este mundo.

oro: Este color proporciona buena suerte y abundancia en este mundo; y también bendiciones que te habrán de conducir rectamente al Otro Mundo futuro.

plata: Este color desvanece los poderes de la oscuridad y también puede servirte para honrar a Nuestra Señora de la Luna, que nos eleva a todos con sus dones de mágica visión.

CÓMO PUEDES ATRAER LA RIQUEZA MEDIANTE RECURSOS MÁGICOS

Dicen algunos que emplear la magia para conseguir riquezas es algo que puede ofender a los Dioses y a los espíritus. Hablando por mí cuenta, debo decirte que he reflexionado con frecuencia sobre este asunto. Creo, en lo más profundo de mi corazón, que los propósitos que tenemos en el camino de la magia han de ser de la mayor importancia. Y que si tú necesitas unos buenos ingresos para poder asistir a cursos de aprendizaje de tu profesión que se dan en el extranjero, o para alguna otra circunstancia digna de valor, entonces se puede realizar un conjuro para obtener ese dinero que ha de ser empleado con buena intención. Pero has de saber que si tu anhelo de que la riqueza y la buena fortuna vengan a tu vida tiene por objeto un deseo egoísta y un mero capricho de placeres, entonces la magia puede volverse contra ti, y en lugar de riqueza pueden acontecerte, por el contrario, pérdidas y desgracias. Así pues, asegúrate bien, en lo profundo de tu alma, de que tu deseo lo genera una buena y sincera intención, porque al Espíritu no se le puede engañar fácilmente en este tipo de cuestiones.

Como bien sabes, la Luna creciente es el momento más adecuado para que la magia te conceda sus dones en abun-

Mantén en tu corazón, profunda y sinceramente,
el propósito para el que deseas la riqueza...

dancia, y la Luna Llena —como ya te he dicho—, es, sin duda, el mejor de todos los momentos para que la buena fortuna acuda a tu vida. Lleva, pues, un caldero medio lleno de agua a tu círculo mágico y unge los Cuatro Rincones de la forma en que aprendiste a hacerlo para conjurar la aparición de tu amor. Y date prisa en encender velas marrones en cada uno de los Cuatro Rincones, ya que es esta la candela que atrae la abundancia al reino de la Tierra.

Introduce rápidamente una moneda de plata en el agua del caldero para que los dulces rayos de nuestra Señora de la Luna que la moneda contiene reflejen su rostro radiante en esa agua. Pasa ahora tus manos sobre la superficie del agua que se encuentra en el caldero, pues de esta forma atraerás toda la plata de la Luna, y recita estas palabras:

> Hermosa Dama de la Luna,
> Concédeme pronto la fortuna.
> Llena mis manos con plata y con oro,
> Enriquece mi vida con el mayor tesoro.

Repite tres veces estas palabras, y después, una vez que hayas abandonado el círculo mágico y lo hayas borrado del suelo, vierte el agua del caldero sobre el suelo.

También podrás incrementar el poder de este conjuro mágico mediante velas mágicas. Así pues, en el domingo siguiente a la Luna Llena, enciende en tu cuarto una vela dorada, ya que el oro representa todo aquello que tiene que ver con la riqueza, la gloria y la abundancia. Mantén en tu corazón, profunda y sinceramente, el propósito para el que deseas la riqueza, y pronuncia estas palabras:

Diosa de la Plenitud,

Portadora de la abundancia,

Ahora te imploro

Que atiendas estas mis palabras:

Para una empresa meritoria necesito este dinero,

Escucha, pues, mi invocación y concédeme este bien.

¡Oh!, Gran Diosa de la Plenitud.

Repite estas palabras con buena intención todas las mañanas de domingo ante una vela dorada, hasta que la riqueza y la abundancia lleguen a tu vida.

CÓMO ENCONTRAR
LO QUE
SE HA PERDIDO

☉

Si por casualidad ha podido suceder que se te haya perdido un objeto de valor, o por el cual sientas aprecio e ignores qué ha podido ser de él, entonces deberás realizar un conjuro mágico con el que conocerás su paradero. Y has de saber que para llevar a cabo semejante propósito debes aprender el arte del resurgimiento, porque es de esta forma como podrás adivinar el sitio en el que se encuentran los objetos perdidos.

Hay dos maneras de hacer resurgir que me resultan muy apreciadas. En una de ellas se utiliza el Fuego, mientras que en la otra se emplea el Agua, y con ambas se obtienen buenos resultados.

Para emplear el método del Fuego es necesario que tomes una vela cuyo color sea adecuado al propósito que tienes en mente, tal y como ya te he indicado. Retírate, en la quietud de la noche, a tu cuarto y enciende la vela para que ella serene tu mente y en cuya llama puedas fijar tu mirada. Intégrate entonces con el espíritu de la visión para que dé comienzo tu empresa. Fija entonces en tu mente este pensamiento y esta intención:

Y has de elevar entonces hacia ella esta plegaria,
a fin de que te ayude a encontrar lo que ha sido perdido...

Mística llama que danzas en la oscuridad
Mística llama que esparces tu luminosidad
Trae ante mí lo que necesito ver
Trae ante mí lo que necesito ver.

Y entonces, a su debido tiempo y con paciencia, se presentará ante ti, en la quietud de la noche, el objeto deseado en la llama de la vela y en el espíritu de la visión que revela todas las cosas. Has de mantener un vínculo con el objeto que habías perdido; es decir, has de quererlo o apreciarlo, para que pueda, entonces, regresar a ti.

Así es como, gracias a la magia del Agua, pueden revelarse muchos objetos que se han perdido.

En tiempo de Luna Llena retírate a tu lugar secreto, que se encuentra entre robles sagrados, y lleva contigo un cuenco que carezca de todo dibujo, adorno o color que pueda distraer tu mirada. Llena este cuenco con agua cristalina de algún regato o manantial.

En ese cuenco habrás de colocar un pequeño cristal o una moneda de plata. Después colocarás el cuenco sobre la tierra, de forma que los rayos de nuestra Señora de la Luna puedan reflejarse plenamente en la superficie del agua contenida en el cuenco. También puedes quemar algo de incienso, a fin de que se eleve mejor tu espíritu hacia la Señora de la Luna y sea como una alabanza. Has de elevar entonces hacia ella esta plegaria, a fin de que te ayude a encontrar lo que ha sido perdido:

Por la magia de la Luna, por el feérico embrujo,
Por los misterios que aquí moran,
Que puedan los sueños, los deseos y el misterio
Nacer en la luz plateada del rayo de Luna
Y que ahora se me presenten en mi cuenco místico.

En cuanto los rayos de la Luna Llena hayan descendido e iluminado el cristal o la moneda de plata que se encuentra en el cuenco, empezarán a surgir y a nadar en su agua multitud de formas que se harán patentes a la vista. Con paciencia y confianza, y a su debido tiempo, aparecerá a tu vista el objeto desaparecido, y lo podrás ver en tu místico cuenco, y sabrás de este modo que habrás de hacerlo venir del sitio en el que ahora se encuentra.

Alejar la desgracia y atraer hacia uno la buena suerte

Sabes ya perfectamente, si has recorrido como es debido el camino místico, que el Serbal es un árbol muy reverenciado entre mi gente porque disipa el mal y la mala fortuna.

Ahora que el verano ha alcanzado toda su plenitud y el Serbal se encuentra lleno de maduros frutos, trata, antes de nada, de agarrar una de sus ramas que esté orientada hacia el Sur. Coge esta rama con tus manos y, mediante un suave movimiento, sacude el árbol de manera que caigan de él cuatro bayas. Recógelas del suelo y júntalas con otras cuatro hojas pertenecientes a la misma rama. Llévalas sin demora hasta tu habitación. Haz entonces en tu hogar un fuego con madera de manzano o de abedul, y cuando empiecen a elevarse las rojas y doradas llamas, arroja una única baya con su hoja al mismo corazón del fuego. Recita entonces estas palabras:

Sea mía la virtud, como la que tiene este árbol,

Y guárdate del fuego en que yo te arrojo.

... arroja una única baya con su hoja al mismo corazón del fuego...

Toma seguidamente una segunda baya con su hoja y arrójalas también a las llamas:

Sea mía la sabiduría, como la que tiene este árbol,
Y guárdate del fuego en que te arrojo.

Coge una tercera baya con su hoja y échalas también al fuego. Recita estas palabras:

Sea mío el poder, como el que tiene este árbol,
Y guárdate del fuego en que te arrojo.

Después, cuando le llegue su turno, coge la cuarta baya con su hoja y ponla en un cazo de hierro. Calienta lentamente el cazo al fuego, hasta que se sequen y ennegrezcan con el calor, y deja que se enfríen después sobre el suelo. Envuélvelas luego en un paño rojo y entierra este encantamiento mágico en la tierra cerca de la puerta principal de tu vivienda, y de este modo no te ocurrirá ninguna desgracia. Pues los causantes del mal retrocederán ante su presencia, si llegaran a acercarse a este lugar.

... y de este modo no te ocurrirá ninguna desgracia...

CÓMO CAUSAR LA DESGRACIA DE AQUELLOS QUE TE HAN OFENDIDO, Y CÓMO ECHAR UNA MALDICIÓN SOBRE TUS ENEMIGOS

Bien has de saber que la magia puede utilizarse contra aquellos que te han ofendido, o contra los que te han causado algún mal o daño en este mundo. Pero ten siempre presente que la magia posee su propia virtud y verdad, y no debe abusarse de ella con falsedades ni tretas. Ten mucho cuidado de respetarla siempre, y advierte que los rituales que se realicen contra otra persona pueden volverse contra ti, con fuerza triple, si la razón y causa no nos ciertas. Has de saber también que la magia puede tener diferentes fuerzas y potencias, por lo que has de escoger aquellos rituales y conjuros que se ajusten a su tiempo y circunstancia.

He aquí un conjuro que causará desgracia a otra persona, y que amargará el día en que pretenda cruzarse en tu camino con mala intención.

Recoge de todos los rincones de tu cuarto cuantas telas de araña puedas encontrar y ponlas apiladas sobre una pe-

Bien has de saber que la magia puede utilizarse
contra aquellos que te han ofendido...

dazo de tela negra que has recortado para este cometido. Coge una mosca muerta o cualquier otro insecto molesto y colócalo en el centro exacto de las mencionadas telas de araña. Escribe entonces en un pergamino el nombre de tu enemigo junto a las siguientes palabras:

Norte, Sur, Este y Oeste,
Que las telas de araña le aten fuerte.
Este, Oeste, Norte, Sur,
Traba sus miembros y ata su boca,
Sella sus ojos y sofoca su respiración.
Que tema verse atado hasta su extinción.

Toma ahora ese pergamino y haz con él cuatro pliegues. Envuélvelo junto con el insecto muerto y las telas de araña que tienes sobre el paño negro, y mete todo ello en un pequeño saquito negro. Ata el saquito con un cordón y cuélgalo del cielo raso de tu cuarto. No lo toques durante algunos días, a fin de que se vaya cubriendo de polvo. Cuando lo veas cubierto de una gruesa capa de polvo, descuélgalo del cielo raso y entiérralo en tierra. De este modo ejercerá para siempre su efecto de atadura sobre tu enemigo... hasta que decidas sacarlo de la tierra.

Si quisieras hacer todavía más potente tu conjuro mágico, espera hasta que se produzca en el cielo la Luna menguante; en la noche en que vas a efectuar tu ritual coloca tu caldero cerca del altar, dentro del círculo mágico. Haz inmediatamente una buena hoguera y quema en ella brezo, para crear protección contra tus enemigos. Sitúa el caldero entre dos velas negras y coloca una tercera vela negra en el

centro del rincón del norte. Quema ahora un incienso de protección —hierba de San Juan, orégano, avellano o serbal— y pon a tu lado un pergamino que contenga los nombres de tus enemigos. Si ignoras quién pueda ser tu enemigo en particular, pero crees que el daño que se cierne sobre ti puede venir de todas partes, escribe entonces en el pergamino: «Todos mis enemigos...».

Arroja unas ramitas de albahaca y de saúco en el caldero, y pronuncia estas palabras con toda la fuerza y poder que puedas reunir:

Borbolla, borbolla... caldero borbolla.
Quema este mal, quema esta pena.

Toma el pergamino que contiene el nombre de tus enemigos, préndele fuego en la llama de la vela negra que está al Norte y arrójalo después en el fuego del caldero. Coge tu vara mágica, hazla pasar varias veces sobre el pote que está al fuego, y recita estas palabras:

La oscuridad termina, el ritual está acabado,
La luz ha llegado... mi combate he ganado.

Cuando llegue el momento en que las llamas se extingan, coge las cenizas que se encuentran bajo el cazo y arrójalas al viento.

También quisiera compartir contigo esta maldición que aprendí de mis propios enemigos, de los Sajones que llegaron a esta tierra con Vortigern, y que ahora se encuentran totalmente vencidos. Es una maldición de gran fuerza, que

yo he utilizado contra aquellos que venían contra mí con perversas intenciones:

Te maldigo por medio de la línea recta, y la línea torcida.

Por la simple y por la quebrada.

Por la llama, por el viento, por la masa, por la lluvia y por el barro.

Por lo que vuela, por lo que repta, por la serpiente.

Por el ojo, por la mano, por el pie.

Por la corona, por la cruz, por la espada y por el látigo.

Yo te maldigo...

Arroja unas ramitas de albahaca y de saúco en el caldero...

CÓMO HACERSE INVISIBLE

Seguramente sabes ya que todo cuanto existe en esta vida está formado por distintos grados de Tierra, Agua, Fuego y Aire, y que el Espíritu a todos los sostiene y apoya, pues Él en verdad es todo lo que existe.

Y si deseáramos hacernos invisibles, hemos de retornar al Espíritu, porque entonces careceremos de forma y podremos convertirnos en aquello que deseemos, ya sea tomando la apariencia de un animal, convirtiéndonos en una flor, en el árbol sagrado o en cualquier otra cosa o criatura que convenga a nuestro propósito.

Hemos de retirarnos entonces, en el corazón de la noche, a un lugar tranquilo; allí hemos de aquietar nuestra mente y concentrarnos en la única visión interna de nuestras almas. Y cuando hayamos conseguido la quietud al ahondar en nosotros mismos, hemos de encender una vela blanca que representa el Espíritu, y hemos de fijar nuestra mirada en su llama fulgente, haciéndonos uno con su luz.

Deberemos recordar entonces que nuestro cuerpo —nuestra forma externa que es aquella con la que nos mostramos al mundo—, es como la Tierra, pues nuestro cuerpo viste y recubre nuestra alma. Y después hemos de disolver nues-

... ahora seremos Agua de cabo a rabo,
y en Agua nos habremos convertido...

tros cuerpos en el Agua, y concentrarnos en el espíritu de visión para que nuestra alma pueda fluir desde los límites del cuerpo para ir a abrazar el Otro Mundo. Para ello tomaremos la forma del Agua en nuestro espíritu de visión, y ahora seremos Agua de cabo a rabo, y en Agua nos habremos convertido.

Y una vez que nos hayamos convertido en Agua, concentraremos nuestros pensamientos más profundos, a fin de hacernos uno con el Fuego. Y de la misma forma que el fuego calienta el agua en el cazo, y esta se convierte en vapor y se eleva hacia el cielo, así hemos de convertirnos nosotros, como vapor de Agua. Y ahora ya somos uno con ella, y ahora también podemos elevarnos como una corriente que se alza hacia el cielo, convirtiéndonos al mismo tiempo en Aire.

Ahora nos hemos transformado en nubes que flotan como suaves pájaros en los confines del cielo. Y esas nubes flotan hacia el horizonte, desplazándose casi hacia la nada. Y así seremos nosotros, como nubes abrazadas por el Aire, dispuestas a disolver nuestras almas en el Espíritu que abraza Todas las Cosas que Existen.

Y de esta forma, en el espíritu de visión de nuestra alma emergerá su verdadero ser dentro del sagrado Espíritu. Y de tal manera llegaremos a conocer el Misterio que nos otorga la vida y la forma en este mundo. Pues ahora nos encontramos en el mismo corazón de Todo Lo que Es, y ya no estamos contenidos en modo alguno dentro de nuestros cuerpos, pues carecemos de toda forma. Ahora somos imvisibles para la humana mirada, aunque sigamos existiendo, pues vivimos y vemos. Y en estos momentos sabe-

mos que podemos ser cualquier cosa. Porque ahora somos como los Dioses.

Este secreto mágico es bien conocido entre los Ancianos, y tiene mucho que ver con la búsqueda mística. De otro modo, ¿cómo podría ser que la Gran Dana, Madre de los Dioses, pudiera convertirse en una liebre? ¿O que Morrigu pudiera transformase en un cuervo o en una anguila? ¿O que Aige se pudiera hacer uno con un cervatillo y Dechtire con un cisne y Lord Cernnuno con un zorro o un tejón, con un lobo o con un venado y Muanna con una grulla? O que el gran Dagda, señor de la Vida y de la Muerte, a quien veneramos en la fiesta de Samhain, pudiera transformarse en un Roble sagrado o convertirse en un arpa viviente entre nosotros? Los Ancianos aprendieron a realizar todos estos cambios, y su secreto se guarda para quienes, a través de la magia, lleguen a conocer y a amar estos senderos místicos. Pues cuando logres conocer verdaderamente las artes mágicas de los Ancianos, y sepas cómo se puede uno volver invisible a la mirada humana, y cómo puedes adquirir otras formas, entonces te habrás convertido en un maestro del Arte.

Cómo volar en el espíritu de visión

☉

Desde los tiempos más remotos ha sucedido que los brujos y brujas sabios que han tenido en su mano el poder místico podían volar por el aire y llegar al Otro Mundo para mezclarse con los Ancianos que habitan en los sagrados dominios, más allá del Velo de la Niebla. Entre la gente común son muchos los que se han sentido atemorizados al conocer estos hechos, y se han preguntado: ¿Cómo es posible que pasen semejantes cosas, que por medios de brujería y de magia alguien pueda volar por el cielo, como si fuera un pájaro? Por eso voy a hablarte de este tema.

Como ya te he indicado, en primer lugar has de retirarte a un lugar tranquilo, en plena noche, y en ese retiro has de buscar un sitio apacible dentro de tu círculo mágico, en el que te encuentres cerca de la mirada de los Guardianes de los Cuatro Rincones, a fin de que tu cuerpo pueda descansar sin ser molestado. Has de prepararte entonces para poder convertirte una vez más en Tierra y en Agua, pasar después al Fuego y al Aire y adquirir, posteriormente, la forma del sabio cuervo que alza su vuelo por los cielos.

Cuando ya descanses tranquilo sobre el suelo, a punto de caer en el dulce sopor, pero manteniendo tu mente y tu

visión muy vigilantes, invoca a los Ancianos para que llenen tu cuerpo con la luz sagrada que procede del Caldero de los Sabios, una luz que te otorgará fortaleza y a través de la cual podrás recorrer la senda mística de tu empresa. Y cuando semejante luz inunde tu cuerpo y tu corazón, e ilumine tu alma para poder volar, entonces, una vez más, haz que tu cuerpo pase de la Tierra y se disuelva en el Agua, alcanzando así las riberas lejanas. Siente ahora el Fuego interior que todos los iniciados de este camino místico conjuran para elevarse desde el caldero sagrado en el que han situado el deseo de su corazón. Disponte, pues, a elevarte en el Aire, como hacen las siempre revoloteantes corrientes de vapor que se alzan desde el caldero para flotar después entre las estrellas. Trastoca ahora tus formas para adquirir las del sabio cuervo. Y mientras invocas la ayuda del Señor Dagda —Dueño de la Vida y de la Muerte, que guarda las puertas del Otro Mundo— para que pueda ayudarte en esta tarea, has de crear también en tu visión mental el hecho de que se te ha formado un pico entre los ojos, que las plumas van surgiendo de tu pecho y de tus costados, y que en tus brazos nacen fuertes y gloriosas alas. Brote entonces de tu corazón el urgente deseo de querer volar hacia los cielos, y que una fuerza mística anime tus potentes y gloriosas alas, al tiempo que ante tus ojos se hace patente la clara visión del cuervo. Ahora ya puedes alzar tu vuelo, pues te has convertido en el sagrado cuervo, y te es posible mirar hacia abajo para ver allí tu forma humana que sigue descansando mientras tu alma emprende el vuelo gracias a tu espíritu de visión.

Mantén firme en tu corazón el intenso anhelo de la magia que hasta aquí te ha impulsado. Y ahora, acompañado

con el graznido del cuervo y el poder mágico que habita en tu alma, vuela con todo el anhelo de tu corazón para viajar hasta los Ancianos, aquellos sabios y refulgentes seres que habitan más allá del Velo de la Niebla. Que nada logre disuadirte ahora de tu empresa, y mientras vives la libertad que te proporcionan tus alas, vuela hacia los Dioses para morar entre ellos y recibir su sagrado saber.

Y entonces, cuando hayas viajado hacia los Ancianos, te hayas glorificado en su luz y hayas recibido su saber y sus místicos dones, podrás modificar, una vez más, el curso de tu vuelo y regresar a los oscuros cielos de tu hogar y a tu círculo mágico, en donde tu forma semi durmiente todavía descansa sobre el suelo. Y ahora, de la misma manera que has abrazado el Aire, también podrás elevar el Fuego en tu humano corazón —ya que te ha sido encendida por los Dioses la antorcha de lo sagrado—, y las Aguas de la Vida fluirán entre las brasas del Fuego retirándose hacia la mística corriente que enriquece estas facultades. Con toda seguridad que esta agua volverá a fluir sobre la Tierra, y así también disolverás tú las formas del cuervo y volverás a adquirir, una vez más, la figura humana que dormita en el suelo. Y de manera siempre suave, y en medio de la mayor quietud, regresarás a tus humanas formas. Y después te levantarás y, abandonando el círculo mágico, darás gracias al Señor Dagda y a todos los Dioses y espíritus por los dones que te han sido concedidos.

Y cuando empiece a surgir el alba, borrarás de la superficie del suelo ese círculo mágico y emprenderás tu camino. Después te entregarás largamente a la reflexión profunda y darás nuevamente gracias a los Ancianos por haberte con-

cedido el don de introducirte por los caminos de la magia, que se encuentran bendecidos y sacralizados en este mundo. Pues en verdad que se conoce a la magia como la Senda de los Sabios, y por eso yo he querido legar este libro a tu atento cuidado, a fin de que estos conocimientos no se pierdan ni lleguen a verse dispersados por el viento.

aquí concluye

este libro

de magia...

EL AUTOR

NEVILL DRURY nació en Hastings en 1947. Desde niño se sintió atraído por las ilustraciones de carácter fantástico de Arthur Rackham y de Edmund Dulac, que evocaban inefables sentimientos sobre la magia y el «Otro Mundo». Siempre impresionado por este género, sintió también la fascinación de los cuentos místicos de Lord Dunsany y de Arthur Machen, quienes dejaron una profunda huella en sus obras.

Desde la publicación de su primer libro, *The Search for Abraxas*, en 1972, Nevill Drury ha continuado investigando y publicando libros sobre la tradición esotérica de Occidente, especializándose en el campo de la magia, la mitología, el chamanismo y los estados visionarios de conciencia. Entre sus obras más recientes se encuentran *The Elements of Shamanism*, *The Visionary Human*, *Pan's Daughter* y *Echoes from the Void*. Posee una licenciatura en antropología y es director de publicaciones de una compañía especializada en libros sobre los indígenas australianos actuales y sobre arte internacional.

LA ILUSTRADORA

LINDA GARLAND vive en Cornualles y ha adquirido fama internacional por sus ilustraciones de temas fantásticos, que han aparecido en calendarios y en numerosas cubiertas de libros, en carteles y tarjetas. Linda ha alcanzado una notable fama por sus cuadros de Diosas, que muestran una clara influencia de la pintura clásica, simbolista y prerrafaelista. Trabaja conjuntamente con su marido, Roger Garland, que también es un ilustrador muy conocido. Recientemente se ha publicado una colección de sus trabajos artísticos con el título de *Garlands of Fantasy*.

© 2001. De la traducción Mario Lamberti
© Ilustraciones: Linda Garland
© Diseño: Lansdowne Publishing Pty Ltd.
© Texto: Nevil Drury
© 2001. De esta edición: Editorial EDAF, S.A.
por acuerdo con Lansdowne Publishing Pty Ltd. Sydney, Australia.

Editorial EDAF, S. A.
Jorge Juan, 30. 28001 Madrid
Dirección en Internet: http://www.edaf.net
Correo electrónico: edaf@edaf.net

Edaf y Morales, S. A.
Oriente, 180, nº 279. Colonia Moctezuma, 2da. Sec.
C. P. 15530. México, D. F.
Dirección en Internet: http://www.edaf-y-morales.com.mx
Correo electrónico: edaf@edaf-y-morales.com.mx

Edaf del Plata
Lavalle, 1646, 7º oficina 21
1048 - Buenos Aires, Argentina
edafal1@interar.com.ar

Edaf Antillas, Inc.
Av. J.T. Piñero, 1594
Caparra Terrace (00921-1413)
San Juan, Puerto Rico
forza@coqui.net

4.ª edición, diciembre 2001

No está permitida la reproducción total o parcial de este libro, ni su tratamiento informático, ni la transmisión de ninguna forma o por cualquier medio, ya sea electrónico, mecánico, por fotocopia, por registro u otros métodos, sin el permiso previo y por escrito de los titulares del Copyright.

Depósito legal: M. 54.296-2001
ISBN: 84-414-0885-8

Printed in Spain / Impreso en España

Gráficas COFAS, S.A. - Pol. Ind. Prado de Regordoño - Móstoles (Madrid)